AF360940

LES
MAÇONS DE LA CREUSE

PAR

LOUIS BANDY DE NALÈCHE

Avocat au Conseil d'État et à la Cour de Cassation

PARIS

E. DENTU, LIBRAIRE ÉDITEUR

PALAIS-ROYAL, 13, GALERIE D'ORLÉANS

—

1859

LES

MAÇONS DE LA CREUSE

AGRICULTURE

I

Émigrations extranationales.

L'amour du changement, l'espoir d'un sort meilleur, ont déterminé les premières émigrations. Sous cette double influence, la terre entière a été explorée, des colonies ont été fondées, tous les habitants du globe sont devenus solidaires.

De nos jours les émigrations ont un motif plus accablant, la nécessité de vivre. Les statistiques de la misère démontrent que les nations civilisées produisent plus d'hommes que l'agencement social ne leur permet d'en nourrir, et qu'elles doivent, sous peine de mourir, se défaire du trop plein qui les étouffe.

On observe surtout ce phénomène en Allemagne, où l'émigration à l'étranger a passé dans les mœurs et n'excite plus la moindre récrimination. La division du sol ne pouvant excéder une certaine limite, les propriétaires se résignent d'avance à envoyer quelques-uns de leurs enfants chercher fortune ailleurs.

Les Allemands ont commencé par exploiter les pays qui les joignent, la France, l'Italie, la Russie principalement ; mais la population augmentant dans une proportion telle que les nations limitrophes s'encombraient elles-mêmes, ils se sont portés vers des contrées plus lointaines, et l'Afrique et l'Amérique sont actuellement leur double refuge.

Si l'homme est appelé à fertiliser la terre entière, si la patrie est là où l'on peut vivre, si enfin le respect de la famille est attaché au respect de la propriété, les Allemands ont adopté le plus vrai, le plus solide, le plus logique et en même temps le plus conservateur de tous les principes actuels d'organisation nationale.

Les émigrants Allemands partent sans esprit de retour. Pénétrés d'une sainte vénération pour le patrimoine de leurs ancêtres, ils l'abandonnent plutôt que de l'amoindrir en le divisant, et du même coup débarrassent leur pays natal.

Certaines contrées de l'Espagne, du Piémont, de la Savoie, de la Belgique, sont plus égoïstes dans leurs aspirations. Leurs émigrants ne se sacrifient point à la patrie : ils partent pour un temps, puis reviennent au bout de quinze ou vingt ans cultiver quelques immeubles et chercher dans une vieillesse aisée la récompense de leurs fatigues.

Leur retour ne produit que de minces avantages : car le père enrichi, étant appelé à partager sa fortune entre ses héritiers, chacun de ces héritiers est obligé de s'expatrier à son tour pour combler l'insuffisance de sa portion.

Il existe donc cette différence entre l'Allemagne et les autres pays, qu'en Allemagne l'aisance d'un enfant au moins est assurée et maintient à perpétuité une famille agricole sur le territoire, tandis qu'ailleurs la fortune, constamment individuelle et ne se déversant pas sur la génération subséquente, n'attache au sol aucune famille de travailleurs.

L'Irlande est le pays d'Europe qui fournit proportionnellement le plus d'émigrants, mais l'expatriation des Irlandais tient à des influences particulières. Ils n'ont pas comme les Allemands la certitude de laisser derrière eux des représentants de leurs noms, de leurs idées, de leurs affections ; ils n'ont pas, comme les Piémontais et les Espagnols, la perspective de rapporter plus tard le fruit de leurs travaux et de leurs épargnes.

Ils fuient, la haine dans le cœur, pour se délivrer d'un joug écrasant qui torture leurs consciences. Ne pouvant ni s'instruire à cause des lois compressives, ni se nourrir à cause du morcellement et de la cherté des fermes, ni améliorer leur sort par l'industrie à cause de l'interdiction du commerce des manufactures, les Irlandais cherchent un air libre pour pouvoir respirer à l'aise; depuis dix ans plus de 1,100,000 d'entre eux ont quitté l'île.

Au lieu de peser comme un remords sur la nation Anglaise, ce déplacement a rendu d'immenses services et diminué d'une manière considérable le nombre des pauvres à secourir. En 1849 on comptait 620,747 indigents ; en 1855 il n'en restait plus que 86,819.

La France contribue peu aux émigrations extranationales. Sauf les Béarnais, qui se dirigent vers des établissements fondés depuis longtemps à l'étranger, les Français n'aiment pas à se dépayser. Certains moments de fièvre entraînent bien des aventuriers du côté de la Californie, de la Nouvelle-Hollande, mais ils partent au hasard des divers points de l'empire, et ces mouvements accidentels ne présentent aucun caractère de périodicité ni de régularité.

En revanche la France reçoit des travailleurs étrangers qui n'ont pas le courage de se porter où les bras manquent, et qui aiment mieux profiter des libertés industrielles que laisse notre législation. Ces étrangers ont même fini par accaparer certaines branches d'industrie, de telle sorte que leur présence deviendra forcément une cause d'expulsion pour une quantité équivalente de nationaux.

A Paris, par exemple, la presque totalité des poêliers-fumistes, des commissionnaires, des brocan-teurs, des colporteurs, beaucoup de domestiques, de porteurs d'eau viennent de la Savoie. La cordon-nerie, la maçonnerie occupent un grand nombre d'Allemands; l'horlogerie, un grand nombre de Suisses, etc.

Il serait brutal de les chasser par des mesures ri-goureuses, mais il n'y aurait aucun inconvénient à les choisir seulement en seconde ligne et à donner toujours la préférence aux Français dans les cas de concurrence légitime.

Ces étrangers sont dispensés des services publics, mis en dehors des animosités politiques : de tels avantages suffisent; les nations encombrées doivent combattre les invasions, dont elles ne profitent ja-mais, puisque le capital amassé est utilisé ailleurs.

II

Émigrations intranationales.

La Russie et l'Espagne sont les deux nations où l'émigration intranationale s'opère sur la plus grande échelle. Les gens soumis à l'*abrok*, ou émigrants de la Russie centrale, se dirigent vers les villes, par bandes de quinze ou vingt, et sous la direction d'un chef qui prend d'avance l'engagement de les con-duire, de les occuper, de veiller sur leur santé, leur moralité, et de partager avec eux les bénéfices des entreprises.

L'émigrant Russe part à dix-huit ans et revient à quarante, à moins que la mort de son père ne le rende chef de famille et ne le rappelle chez lui.

La Vieille-Castille, la Galice, les Asturies, les provinces Basques, envoient leurs paysans dans l'Andalousie, à Séville, à Madrid et jusqu'en Portugal ; et, pour que les champs ne restent point en friche, le retour est fixé aux époques des récoltes et des semences.

Pendant l'absence de leurs époux, les femmes sont chargées de l'aménagement des produits et des soins aux bestiaux. Cette coutume est sans inconvénients, puisqu'elle donne les bénéfices de l'industrie sans laisser péricliter les intérêts de l'agriculture ; aussi l'émigration dure autant que le permettent les forces de l'ouvrier.

En France l'émigration intranationale est fort variée : tantôt, comme dans la plupart des départements où se trouvent de grandes industries, les habitants des campagnes s'établissent dans les villes et profitent des jours de fête pour rapporter à la famille le gain de la semaine ; tantôt, comme dans l'Isère, le Cantal, l'Aveyron, les Alpes surtout, les ouvriers agricoles descendent des montagnes et font irruption sur les petits centres au commencement et jusqu'à la fin de l'hiver, demandant, non du travail, mais l'aumône pour eux, leurs femmes et leurs enfants.

A côté de ces émigrations à petites distances, qui ont pour mobile une occupation provisoire ou une passion de mendicité, il en existe d'autres plus lointaines, plus durables, véritables émigrations du travail, qui ont appelé la sollicitude des économistes, parce qu'elles sont plus spécialement dirigées vers les grandes villes.

M. Le Play a divisé les émigrants à Paris en deux classes : ceux *à stations prolongées* et ceux *à stations périodiques*. Les premiers viennent de l'Auvergne, du Rouergue, du Quercy, de l'Alsace. Ils séjournent comme les Savoyards, pendant plusieurs années, et rentrent dans leurs foyers avec un pécule qui leur assure une honnête aisance. Les autres séjournent à Paris pendant les neuf mois les moins froids de l'année, et retournent passer l'hiver dans leurs familles.

Je n'entrerai pas dans le détail de toutes les industries parisiennes exploitées par les émigrants intranationaux ; je me bornerai à l'étude d'une seule, la plus importante, du reste, à cause du grand nombre d'individus qu'elle occupe et qui sont partis du même point. Je veux parler de l'industrie du bâtiment, de la MAÇONNERIE.

Les maçons émigrent à *stations périodiques ;* ils viennent presque exclusivement de la Marche et du Limousin, c'est-à-dire des départements de la Creuse, de la Haute-Vienne et de la Corrèze. Leur nombre s'accroît chaque jour, au delà même des bornes de l'activité industrielle.

Cette émigration change dès l'enfance l'agriculteur en ouvrier, laisse les champs incultes, et jette aveuglément sur certains points des masses d'hommes qui seront un embarras ou un danger aux jours de crise. Arrêter ce mouvement est impossible, l'organiser est essentiel ; mais auparavant il faut le connaître dans ses causes, dans ses résultats. Et peut-être l'organisation de l'émigration industrielle deviendra-t-elle une première solution du problème révolutionnaire : l'organisation du travail.

Né dans la Creuse, émigrant pour ainsi dire moi-même à stations périodiques, j'ai étudié le mal, cherché le remède. Puisse mon œuvre n'être point stérile pour mes compatriotes !

III

Anciennes émigrations Marchoises.

Dans la Marche, le Limousin et la haute Auvergne, l'émigration semble avoir existé de tout temps, ces provinces n'ayant jamais fourni de quoi nourrir leurs habitants.

D'abord les émigrations furent exclusivement guerrières. On partait par troupes et en armes des bords de la Creuse et de la Vienne, comme les barbares partirent plus tard du nord de l'Europe et de l'Asie, pour conquérir des plaines plus fertiles et se substituer aux propriétaires légitimes. L'histoire fait remonter le premier déplacement Marchois à l'an 600 environ avant l'ère chrétienne, sous la conduite du prince Bellovèse, qui envahit le Dauphiné, la Provence et protégea les Phocéens, émigrés d'un autre pays, avec lesquels il fonda Marseille.

Bellovèse ne revenant pas, on pensa dans la Gaule Celtique qu'il était mort ou enrichi, et de nouvelles hordes marchèrent sur ses traces pour le venger ou partager sa prospérité.

Tous les vingt ans à peu près des milliers de volontaires se dirigeaient vers le sud-est, et bientôt les Alpes furent franchies. Grand fut l'étonnement des Romains lorsqu'ils virent apparaître ces bandes indisciplinées, escortées de leurs chiens, vêtues de peaux de loups et armées d'instruments sans nom latin.

Déjà puissants, les Romains commirent l'imprudence de montrer leurs richesses; alors toute la Gaule se dépeupla sans distinction et envahit l'Italie. Pour se débarrasser de pareils visiteurs, les Italiens songèrent à conquérir eux-mêmes les Gaules, et après d'épouvantables luttes ils y réussirent.

La guerre des Gaules est connue, les massacres qui la signalèrent pendant de longs siècles furent même assez nombreux dans la Marche et le Limousin pour rendre pendant longtemps les émigrations impossibles.

A l'invasion Romaine succéda l'invasion Gothique,

puis l'invasion Franque et enfin, pendant un instant, l'invasion Arabe, arrêtée à Poitiers par Charles Martel.

Les envahisseurs, partout où ils passent, tuent généralement assez d'hommes pour équilibrer la population et la production ; c'est ce qui eut lieu pendant les premiers siècles de l'ère chrétienne, à un tel degré même que Charlemagne dut implanter dans la Marche de nouveaux habitants, afin que les terres ne demeurassent point sans maîtres.

IV

Émigration en Espagne. — Moyen âge.

Après Charlemagne une pacification relative donna une nouvelle prospérité à la Gaule Centrale, et elle profita d'une guerre heureuse de son roi Pépin contre les Gascons et les Catalans, pour diriger du côté de l'Espagne des émigrations industrielles.

Il est assez difficile de préciser autrement l'époque et la nature de ce premier mouvement vers le sud ; mais on reconnaîtra qu'il est de la plus haute antiquité puisque le patois Catalan s'appelait et s'appelle encore la *langue Limousine d'Espagne*. On le parlait en Aragon, à Valence. Soit que les Limousins parussent peu civilisés, soit que la nature de leurs occupations déplût aux Espagnols, on les flétrit du nom méprisant de *Gavaches*.

Sans nous arrêter plus longtemps sur cette émigration, qui, malgré son assez longue durée, a peu préoccupé les historiens, nous nous bornerons à constater que le besoin de déplacement devint plus que jamais inhérent au caractère des Marchois et des Limousins et que dans les rares éclaircies de paix que laissèrent à la France l'ambition de ses rois, la vanité de ses grands feudataires et le zèle de son clergé, le premier but du paysan des provinces centrales fut d'aller gagner de l'argent pour améliorer le sort de sa famille et le sien propre.

Sous Louis XI, les émigrations à l'intérieur succédèrent aux émigrations à l'extérieur. Elles se seraient probablement organisées plus tôt sans l'incurable rapacité des seigneurs, qui commençaient par dévaliser les étrangers ou qui les rançonnaient lorsqu'ils s'étaient constitué un pécule sur leurs domaines.

Seulement ces émigrations débutèrent par des guerres civiles. Les Marchois et les Limousins quittaient leurs montagnes pour combattre et piller [1].

---

1. M. le député Barailon, dont le nom sera longtemps populaire dans la Creuse, tant pour les services qu'il a rendus que pour ses consciencieuses publications sur la Marche et le Combraille, cite les noms de quelques bandits fameux qui enrôlaient et occupaient les oisifs. C'étaient : Curbaranus, en 1183; Hugues Barbais, dit le *Roi des malins*, en 1191; Merchaders ou Mercadée, en 1199, qui dépouillait les gens puis les écorchait vifs; Geoffroy Tête Noire qui, en 1379, « ne s'opinionoit pour aucung roy, mais se trouvoit partout en terre de conqueste, comme doict faire tout compaignon qui veult avancer; » Aymerigot Marcel, en 1390. Les bandes de ces intéressants personnages, constamment alimentées par de nouveaux renforts, s'unirent aux Tard-Venus en 1365, aux Tuschins en 1384, soutinrent les guerres de la Praguerie en 1440, des Pitaux, ennemis des Gabeleurs, en 1548,

Ceux qui se livraient à des travaux sérieux ne formaient point un corps d'état spécial et se répandaient sans aucun lien sur la surface de la France.

V

Temps modernes. — Maçonnerie.

Une circonstance imprévue, le siége de La Rochelle en 1627, leur inspira l'idée de se livrer à un métier unique et leur fit choisir la maçonnerie.

Le cardinal de Richelieu, voulant faire construire la fameuse digue qui lui assurait le dernier boulevard des Calvinistes, fit appel à tous les catholiques. Les contrées riches ne fournirent personne, mais la Marche et le Limousin mirent leurs hommes à la disposition du premier ministre.

Rentrés chez eux avec quelques avances honorablement acquises et une réputation faite dans l'art de bâtir, les Marchois devinrent définitivement maçons et offrirent leurs services à toutes les provinces de France.

et se donnèrent enfin le mot d'ordre dans la ville de Crocq (aujourd'hui simple chef-lieu cantonal) pour procéder, sous le nom de Croquants, à l'exploitation en grand de toutes les villes méridionales de la France, depuis 1592 jusqu'en 1596. A cette dernière époque la mort de leur capitaine, Pierre Deschamps, jeta la désunion parmi eux et les laissa à la merci des compagnies du roi commandées par MM. de Marcillat, de Biron, Dably, de la Capelle et de Peyraux. Il faut du reste rendre aux Croquants cette justice, qu'ils n'en voulaient, d'après leur circulaire conservée par la société de l'Histoire de France, qu'aux « inventeurs de subsides, receveurs, commis et autres voleurs. »

Les grandes villes les attirèrent parce qu'elles pouvaient les occuper toute l'année, et Paris et Lyon, par suite de leur importance, devinrent les principaux rendez-vous de l'émigration.

D'abord Paris eut peur de cette invasion insolite, et une déclaration du 20 mars 1633, enregistrée le 27 juin suivant, porta défense de bâtir tant dans la ville de Paris que dans les faubourgs, avec révocation de tous brevets et lettres patentes *octroyant dons de places*.

L'esprit pacifique des émigrants, leur résignation, *leur exquise politesse* (voir à ce sujet l'*Histoire des Français des divers états*, par Alexis Monteil, tome II page 130 de l'édition de 1853), empêchèrent l'exécution de ces mesures rigoureuses, et bientôt les rois furent les premiers, dit Mercier, à appeler des régiments de Limousins pour construire les édifices destinés à immortaliser leurs règnes [1].

1. Avant Richelieu les lois qui régissaient la maçonnerie étaient à peu près analogues à celles relatives aux autres industries. Elles dataient des années 1568, 1575 et 1586; mais après le siége de La Rochelle le mouvement d'émigration nécessita une organisation nouvelle. Trois offices de trésoriers et receveurs généraux des ponts, chemins, chaussées et autres ouvrages publics furent créés en juin 1633. Des offices de mesureurs, contrôleurs et porteurs de chaux, de pareurs et envergeurs de cordes, de toiseurs de pierres dans Paris, furent créés en avril 1641. Des offices d'inspecteurs, visiteurs, mesureurs et contrôleurs de pierres de taille, moellons, chaux, plâtre, ciment, ardoises, tuiles, furent créés en juin 1705. Quarante offices d'inspecteurs des bâtiments dans la ville de Paris datent de janvier 1707. La même année (août 1707) la ville de Paris fut autorisée par lettres patentes à emprunter diverses sommes pour les employer aux ouvrages et grandes entreprises nécessaires à l'embellissement

Tout alla bien tant que les familles vécurent en commun. Les uns cultivaient les champs, apprêtaient les moutures de l'hiver, et l'argent que rapportaient les autres représentait un profit net. Mais à mesure que les familles se divisèrent, le nombre des émigrants augmenta, car le salaire payé par l'industrie était double de celui payé par l'héritage.

Autrefois le maçon partait à vingt ans et revenait à quarante ; il reparaissait chez lui au moins tous les deux ans et retrouvait sa maison ouverte ; aujourd'hui il part à quinze ans et revient à soixante. Il reparaît tous les cinq ans, et quelquefois seulement tous les dix ans ; sa femme le suit et lui donne d'excellentes raisons pour ajourner son retour : car elle travaille à la couture, au blanchissage, c'est-à-dire aux industries que favorise l'hiver.

En 1789, 6,000 paysans [1] à peine, quittaient la Marche ; en 1820 on comptait déjà 15,000 absents ; en 1830, 20,000 ; et actuellement leur nombre s'élève à 30,000 environ, dont 26,000 hommes et 4,000 femmes.

de la capitale et à la commodité publique. De même la ville de Lyon fut appelée à des dépenses considérables, et diverses rues et places tinrent à honneur de s'appeler des noms de Richelieu et de Louis XIV.

1. Le mot *paysan* veut dire villageois, campagnard, habitant le pays, comme *bourgeois* et *citadin* signifient habitant du bourg, de la cité ou de la ville : paysan veut dire encore travailleur de la campagne. On doit s'honorer de ce titre. Les ignorants seuls lui ont donné une signification qu'il n'a jamais eue. (Note de M. Jules Brame, député du Nord. *Émigration des campagnes.*)

Cet entraînement a été déterminé d'abord par la construction des fortifications de Paris, et plus tard par les embellissements de la capitale qui ont salué l'avénement de l'empire. Si la progression continue, le département de la Creuse n'aura plus pour l'habiter que les prêtres, les fonctionnaires publics, les gendarmes et les infirmes.

VI

Division du sol. — Dépeuplement.

Il ne s'agit donc plus aujourd'hui d'une émigration, mais d'un dépeuplement.

L'émigration avait pour cause première l'infertilité du sol, le dépeuplement vient de cette infertilité même combinée avec le morcellement des héritages.

Les grandes industries ont d'abord attiré les paysans sans ouvrage, puis elles ont arraché les laboureurs à la charrue. Cependant l'équilibre s'est toujours rétabli dans les départements riches, où les produits peuvent être considérables sur une minime étendue de territoire; mais dans les départements pauvres la ruine a succédé à la misère.

Dans la Creuse par exemple, les terres ne sont ensemencées que tous les deux ans : une famille pour vivre a donc besoin d'une étendue de territoire au moins double de celle des pays où la culture est annuelle.

Or dans les pays où la culture est annuelle, le

produit d'un hectare est d'un tiers supérieur au produit de deux hectares dans la Creuse, et comme la compensation ne peut s'opérer qu'en étendant encore l'héritage, une terre d'un hectare en Normandie, par exemple, équivaudra à une terre de trois hectares en Marche. Quoi qu'en disent les économistes, le morcellement est donc au moins aussi désastreux dans les pays pauvres que dans les pays riches.

Les chiffres suivants fixeront les idées :

La Creuse représente une superficie de 556,400 hectares, dont les deux cinquièmes, composés de landes, bruyères, *ribières* [1] et pâtis presque improductifs, appartiennent aux communes ou aux sections de communes. Restent 333,960 hectares, qui sont divisés en 1,100,000 parcelles et distribués à 70,000 propriétaires, qui possèdent ainsi chacun 4 hectares et 77 ares ou 15 héritages distincts : terres pour le seigle, pour les petites semences, pour les jachères, taillis pour le chauffage, pacages d'été, prairies, chenevières, jardin, maison, écuries, le tout formant un petit domaine d'une valeur de 6,000 à 10,000 francs.

A la rigueur, un père de famille, vivant de pain bis, de soupe, de légumes, de laitage, se privant de viande et de vin, peut arriver à se nourrir, se vêtir,

1. Pacages humides.

payer l'impôt, les prestations et le reste, élever enfin ses enfants jusqu'à ce qu'ils se suffisent; son domaine, soigné avec intelligence, vaudra et rapportera davantage. Pourquoi l'abandonner et courir au loin?

Le cultivateur se pose aussi cette question. Il aimerait mieux labourer la terre, soigner ses bestiaux, respirer un air pur, s'endormir le soir sous le toit qui l'a vu naître. Mais pour vivre en paix, pour travailler avec ardeur, il lui manque la confiance en l'avenir.

Il perd courage à cultiver un champ, un domaine qui sera non plus divisé (c'est impossible) mais vendu à sa mort, car chacun des enfants a droit à une quote-part d'immeubles (art. 826 du code Napoléon). Pourquoi arroser de ses sueurs des récoltes qui, l'année prochaine peut-être, profiteront à des étrangers? La loi des successions est là, menaçante, inexorable.

Mieux vaut émigrer vers les villes, demander au travail un capital qui permette à l'un de ses enfants de garder les immeubles et d'indemniser ses frères s'ils consentent à cet arrangement.

La loi d'égalité dans les successions chasse donc le chef de famille. A seize ans le fils aîné suit son père : car si le père venait à mourir, il aurait peut-être lui-même fait quelques économies pour sauvegarder l'intégrité du patrimoine. Le deuxième fils, qui ne doit en aucun cas hériter des immeubles, s'inquiète peu de leur prospérité; il a besoin d'un état, et dès qu'il se sent assez fort, il quitte la charrue pour prendre la truelle.

C'est ainsi que disparaissent successivement les hommes valides de la même maison, tandis que si d'avance le chef de la famille était sûr de pouvoir donner son domaine à un seul de ses fils, il choisirait pour lui succéder le plus habile agriculteur et consacrerait l'autre à l'industrie, comme cela se pratique en Allemagne.

Ce système, au premier abord, paraît d'une injustice brutale; cependant, s'il venait à prévaloir, le fils déshérité serait le moins à plaindre, car en attendant l'héritage, l'héritier ne gagnerait guère et vivrait mal, tandis que son frère, qui gagnerait davantage, vivrait mieux, économiserait et posséderait, au décès du père, une somme équivalente à la valeur du patrimoine. Les deux frères, à ce moment suprême, seraient égaux, celui-ci à l'aide de son travail, celui-là à l'aide de sa patience. En attendant, le sol aurait produit tout ce dont il est capable, la maison en ruine serait relevée, les champs seraient couverts d'arbres à fruits.

VII

Une famille.

Au lieu de cela, voyons un peu ce qui se passe dans une famille que nous prendrons composée de

cinq personnes, le père, la mère, deux frères et une
sœur, tous ensemble possédant une série d'immeubles valant 8,000 fr. ; et pour ne pas rembrunir le
tableau, nous resterons dans la double hypothèse
d'une propriété sans hypothèque et d'un travail con-
tinu et profitable hors du foyer.

Le père est parti, la mère soigne le ménage, gou-
verne la maison, laboure, sème, récolte comme elle
peut ; ses enfants partagent leur temps entre la garde
des bestiaux, l'école communale et les travaux quo-
tidiens proportionnés à leurs forces. Le père ajoute
au bien-être de sa petite colonie en lui envoyant les
épargnes du mois ou en lui ouvrant un crédit qu'il
soldera à l'entrée de l'hiver.

Les deux époux ne font pas d'économies, mais
aussi ne contractent pas de dettes, jusqu'à ce que les
enfants aient grandi assez pour commencer à se suf-
fire. A quinze ans, le fils aîné va rejoindre son père
et l'aide à supporter les charges de l'entretien général.

Le frère cadet le suit bientôt, et la mère reste à
la maison avec sa fille. C'est là l'époque la plus pros-
père de la vie de tous ; aussi ne dure-t-elle pas longtemps, car l'heure approche d'une dissolution.

En effet, une scission s'opère lorsque les enfants
atteignent leur majorité. Le père, pour transmettre
intégralement ses immeubles à un seul enfant, lui
donne le quart par préciput, à la condition par lui

de payer en argent les parts de son frère et de sa sœur (somme iquivalente à la moitié de la valeur du domaine de 8,000 fr., c'est-à-dire à 4,000 fr.), à la charge aussi de prendre soin du père et de la mère sur leurs vieux jours.

Dès ce moment, le père et le fils aîné travaillent de leur mieux pour payer les intérêts et plus tard le capital de 4,000 fr. Un mariage où il acquiert une dot analogue à celle de sa sœur permet au fils aîné de payer comptant 2,000 fr. Mais les deux autres mille francs sont introuvables. Une inscription nouvelle pèse sur le bien déjà grevé de l'hypothèque légale de la nouvelle mariée ; les frais d'acte, d'enregistrement, l'entretien de la maison, les soins aux malades, la somme de 100 francs d'intérêts, doivent être prélevés chaque année avant qu'il soit question de rembourser le capital de la dette.

Nul ne comprendra, s'il ne les a vues de près, les privations qu'il faut subir avant d'arriver au but. Heureux encore ceux qui, à leur extrême vieillesse, ont fini par se libérer. Mais ils ne meurent pas tranquilles dans la cabane conquise par tant de labeurs, leurs enfants déjà recommencent la lutte, car le père n'a pu léguer à aucun d'eux une position meilleure que celle qu'il avait trouvée lui-même ; assez rude était la tâche de ne la leur point transmettre plus embarrassée.

Revenons maintenant à l'autre frère, créancier de

2,000 francs. Il pourra avec une telle somme acquérir une maison, un jardin, un pré, et au fur et à mesure de ses gains, acheter des parcelles qui lui constitueront un domaine analogue à celui de son frère.

Mais alors que deviendra la culture? Un cheptel ne peut vivre sans une dizaine au moins de parcelles. La nourriture d'un domestique coûte plus cher que ne valent ces héritages épars destinés à préparer un domaine; le sol durci, couvert de ronces, payera des impôts et restera en friche.

Il aime mieux tailler dans le vif: il achète d'emblée le premier domaine en vente, et en promet 8,000 fr.; il paie 2,000 francs en déléguant sa créance sur son frère, et le voici avec 6,000 francs de dettes dévorant 300 francs de revenus qu'il faut prélever annuellement avant de songer à éteindre le capital.

La spéculation est ruineuse; elle oblige à emprunter, hypothéquer et finalement à revendre à perte ou en justice, à la grande satisfaction du fisc et des hommes de loi.

Si pourtant, par suite d'un événement imprévu, une libération devient possible, les enfants du second frère se trouvent exactement dans la position ci-dessus indiquée de leurs cousins. Éternel rocher de Sisyphe qui écrase ceux qui le roulent.

Il ne faut donc pas s'étonner que dans les familles où naissent plusieurs enfants, deux générations de suite ne puissent se succéder dans les mêmes conditions; que malgré la grande quantité d'acquéreurs d'immeubles revenant annuellement avec leurs épargnes, tous trouvent des héritages en vente; que les capitaux restent stériles; que les procès abondent, et que le département de la Creuse soit un des plus profitables à l'enregistrement.

VIII

L'usure.

L'emprunt au taux légal suffit pour ruiner le petit propriétaire; mais l'échéance de sa déconfiture est avancée par les énormes intérêts que prélèvent ses créanciers.

L'usure se pratique dans la Creuse d'une façon aussi ingénieuse que peu prévue par la loi. Un exemple pris entre mille en donnera l'idée.

Jacques a besoin de 500 francs, Pierre les possède; tous deux se rencontrent, dînent ensemble, aux frais de Jacques, bien entendu, qui paye 5 francs au cabaretier, ci.   5   »

Pendant le dîner Pierre promet l'argent, il l'apportera dimanche. Nouveau dîner offert par Jacques pendant que l'acte se prépare, ci.   5   »

Les frais de minute, d'enregistrement, de grosse, de bordereau hypothécaire, coûtent environ 25 francs, qui sont immédiatement prélevés sur le capital emprunté, ci.   25   »

TOTAL.   35   »

De plus, comme Pierre est un capitaliste prudent qui veut assurer le payement de ses intérêts, il fait consentir à son débiteur une obligation de 525 francs à 5 p. 100, de sorte qu'à partir de la deuxième année, Jacques payera 26 fr. 25. c. d'intérêt, pour avoir profité d'une somme de 465 francs.

Si par hasard l'obligation porte le chiffre rond de 500 francs, c'est que Pierre, plus prudent encore que dans la première hypothèse, aura gardé par devers lui les premiers intérêts, et à partir de la deuxième année Jacques payera annuellement 25 francs pour avoir profité d'une somme de 440 francs. Heureux encore si Pierre ne se prévaut pas de la non-mention dans l'obligation de ce premier versement pour exiger une année supplémentaire d'intérêts.

Mieux encore. Lorsqu'à l'échéance Jacques ne sera en mesure de payer ni le capital ni le revenu, Pierre qui a bon cœur ne le pressera pas, mais il viendra le visiter deux fois par semaine aux heures de repas.

Il amènera même sa femme, ses enfants et son âne, et consommera les provisions du débiteur en lui protestant de ses bonnes intentions. J'ai vu mettre en pratique bien d'autres dilapidations aussi honteuses et inattaquables.

A la suite de pareils expédients, l'expropriation ne se fait point attendre, et l'expropriation, c'est encore la vente en détail, le morcellement indéfini.

Sans m'étendre ici sur les lieux communs dont

l'usure a fourni la thèse, j'ai cru devoir la placer dans les principales causes de l'expatriation. Méprisable en toute circonstance, elle devient odieuse quand elle opère sur des sommes minimes. Mais depuis l'origine du monde, il est écrit sur le grand livre de l'humanité, que le plus faible sera toujours le plus accablé.

Pourquoi ne pas vendre, dit-on à l'un? Pourquoi acheter, dit-on à l'autre? Cette double question sur les lèvres de l'économiste prouve une fois de plus que la science des chiffres et celle du cœur humain ne sont pas toujours d'accord.

Le Marchois aime son champ, parce qu'il y a souffert la faim et le froid, parce qu'il est forcé de l'abandonner neuf mois sur douze, parce que si les citadins le méprisent et l'humilient, il sait un petit coin de terre où il pourra dire : Ici je suis le maître.

Dans cette passion trop souvent aveugle du Marchois, le philosophe trouverait peut-être une raison de la ruine des héritages.

Sentant bien qu'elle ne sera pas sienne longtemps, le propriétaire dégrade la terre au lieu de la fertiliser; il coupe les arbres, comble les fossés, laisse croître les ronces, les ajoncs, les genêts, pour ne livrer cette maîtresse chérie que flétrie et mutilée.

Un tableau succinct de l'état agricole du département de la Creuse ne peut manquer d'être instructif.

Je vais essayer d'en esquisser les détails.

IX

Particularités agricoles.

Le sol, à base granitique, supporte des terres sablonneuses tourmentées par des orages et rebelles à l'agriculture.

Des chaînes de collines, communiquant aux montagnes de l'Auvergne, présentent des blocs de rochers sur lesquels les mousses, les lichens ont formé une couche de terre végétale noire qui produit en quantité la bruyère, l'ajonc, le serpolet, ou qui, entraînée dans les vallées, laisse à nu des pics de granit.

Point de vignes, peu de fruits et de peu d'espèces, culture du froment difficile, impossibilité de semer des herbages artificiels à racines profondes, grande fréquence de pluies qui changent les terres en champs de sable, et rendent les chemins impraticables.

Le seigle, le sarrasin ou blé noir, les raves ou navets plats, les pommes de terre, les légumes, le chanvre, suffiraient peut-être pour alimenter la population, mais la légèreté des terres oblige de laisser chômer un an, deux ans, quelquefois davantage, les cinq sixièmes du sol labourable, sans compter que les froids et les gelées surprennent en toute saison et ruinent les récoltes que l'on espérait brillantes.

Les maisons, couvertes de chaume et dont la toiture, en règle générale, n'est changée qu'après un incendie, ne sont jamais réparées ; on les reconstruit

de fond en comble, lorsque la vétusté les a minées
sans ressource. Pour éviter l'impôt des fenêtres,
les habitants se contentent du jour fourni par la
porte, de sorte que les maisons ressemblent à des ca-
vernes superposées au sol [1].

A l'intérieur on ne voit ni pavés ni carrelages, mais
une terre grasse maintenue par des cailloux bruts et
distancés, donnant aux pièces habitées l'aspect des
aires à battre le grain. Le libre accès des porcs et des
volailles produit çà et là des crevasses où croupissent
toutes les eaux du ménage.

A la porte sont entassés les fumiers, les balayures,
les substances végétales (feuilles, fougères, ajoncs)
destinées à la putréfaction et à l'augmentation des
réserves d'engrais. Le bois de chauffage, les chariots, les harnais aratoires sont exposés sur ces ter-
reaux infects au soleil comme à la pluie. On se demande, en voyant vivre et grandir des êtres humains
dans un pareil milieu, comment ils ne descendent
pas au crétinisme du Valais.

Les bestiaux sont aussi mal à l'aise que les hommes. En quittant leurs écuries éclairées et aérées seulement par la porte, ils passent d'une atmosphère
étouffante à un froid glacial et meurent d'une fluxion
de poitrine.

On ne remédie à ces inconvénients qu'en laissant

---

1. Dans quatre-vingt-deux départements la contribution des portes
et fenêtres est plus considérable que dans la Creuse.

coucher dans les pâturages les bêtes destinées à la boucherie. Encore s'agit-il seulement des bêtes à cornes, car les moutons, plus exposés à la dent du loup rentrent chaque soir à l'étable. Quelques riches propriétaires font seuls usage des parcs en plein champ.

Les héritages accusent une incurie analogue. Les murs se dégradent, les haies sont crevassées, les terres semées de petites pierres dont nulle main intelligente ne les délivre.

Les femmes, pour avoir un peu plus de lait, font *déprimer* l'herbe, c'est-à-dire manger les premières pousses par leurs vaches, et compromettent ainsi la récolte des foins, principale richesse du pays.

Les pacages négligés ne sont saignés que par des rigoles ménagées toujours aux mêmes endroits et les eaux du département de la Creuse, si abondantes et si pures, coulent infructueuses ou se perdent dans des marais éternels.

Le sol lui-même semble à jamais condamné aux usages antérieurs ; les noms inscrits sur les matrices cadastrales font loi en matière de culture ; on fauche des prés desséchés, on ensemence des terres humides sans songer qu'il serait plus fructueux de changer les prés en terres et les terres en prés.

Mêmes harnais aratoires, mêmes instruments, mêmes systèmes, mêmes errements qu'aux siècles passés, sans compter que les labourages insuffisants ne préparent qu'un tiers des produits que donneraient les labourages par des hommes valides.

Les engrais manquent, il faudrait acheter de la chaux, du plâtre, du guano ; les marécages abondent, il faudrait draîner ; les hommes sont absents, il faudrait remplacer les bras par des machines; mais tout cela coûterait cher, les bénéfices du propiétaire ne seraient point en rapport avec ses sacrifices ; l'achat, le transport et l'utilisation des engrais, des tuyaux de drainage, des machines, exigent le versement immédiat d'un capital dont la terre devrait payer le revenu et l'amortissement ; la terre enfin est tellement dépecée que ni les machines ni les tuyaux ne pourraient fonctionner avec fruit.

X

Métayage. — Chemins.

Pour les propriétaires un peu aisés, le métayage est la manière la plus avantageuse de profiter des quelques avantages que n'enlève pas le morcellement. En effet le métayer, étant l'associé du maître, a intérêt à faire beaucoup produire, puisqu'il partage par moitié (*méta* en patois) les fruits d'une bonne administration comme les déficits d'une mauvaise.

Mais le métayage a un vice radical qu'Adam Smith a parfaitement compris et que nous explique le *Dictionnaire des Économistes*. (V°. AGRICULTURE).

« Le métayage a précisément pour effet d'empêcher les cultivateurs de préférer les récoltes qui, à raison de l'espace qu'elles prennent, laissent l'excédant du produit net le plus considérable. La raison en est simple : le métayer paye en nature; ce qu'il doit, c'est une certaine proportion du produit brut obtenu, et dès lors il a un intérêt constant à consulter, dans le choix des récoltes, non pas ce qu'elles peuvent laisser par hectare, les dépenses de culture recouvrées, mais le rapport établi entre le montant des frais de production et la valeur des récoltes. Pour lui, les meilleures cultures sont celles qui demandent peu d'avances, les plus mauvaises sont celles qui en demandent beaucoup, quel que puisse être le chiffre de l'excédant réalisé. Supposez par exemple un lieu où l'hectare cultivé en seigle exige 45 francs de frais de production pour rendre 120 francs, et où le même hectare cultivé en froment exige 120 francs de frais pour rapporter 250 francs, un fermier n'hésitera pas à préférer la culture du froment : c'est en numéraire qu'il solde son fermage, et une culture qui lui rend net 130 francs vaudra mieux pour lui qu'une culture qui, à superficie semblable, ne lui rendrait que 80 francs. Un métayer sera contraint de calculer tout autrement. L'hectare en seigle, pour 45 francs en donne 120, et la moitié lui demeurant, c'est 15 francs qu'il aura de bénéfice; l'hectare en froment, au contraire, coûtant 120 francs pour en produire 250, ne lui laissera, vu ses avances, pour sa moitié, qui montera à 125 francs, que 5 francs de rétribution. C'est pour la culture du seigle qu'il optera. »

Le déboisement est encore un autre inconvénient du métayage ; le métayer taille à son gré les arbres du domaine pour faire son feu ou réparer ses harnais, mais il n'aime ni à semer ni à planter, car les arbres exigent des soins et ne procurent aucun bénéfice immédiat. Pour faire reboiser son terrain, le propriétaire aurait besoin d'en revenir aux baux emphytéotiques, comme le dit un vieux proverbe :

Ne change de métayers
Qu'après cent ans passés.

Malgré les vices que renferme le colonat partiaire, les métayers sont rares dans la Creuse. Ils sont fournis par les familles nombreuses, composées surtout de femmes et de filles, qui aiment mieux vivre misérablement sur les champs d'autrui que mourir de faim sur les grandes routes. Les métayers pris dans ces conditions subissent sans se plaindre les exigences serviles qu'on leur impose ; le propriétaire s'appelle *le maître* et traite ses associés agricoles comme des domestiques ; mais un phénomène aussi remarquable que naturel, c'est l'indifférence des métayers aux années de disette et leur inquiétude aux années d'abondance.

Pendant la disette, le propriétaire les nourrit en leur laissant toute la récolte ; quand au contraire les années d'abondance sont revenues, les métayers ne savent plus comment se défaire de leurs produits, le département ne possédant aucun grand centre, rendez-vous de l'offre et de la demande.

Les voies ferrées desservent à peine un coin reculé du département, vers lequel il faut traîner à grands frais le seigle, le sarrasin, l'huile, le chanvre, les bœufs et les moutons. Les chemins sont en mauvais état, les prestations et les adjudications opèrent à bâtons rompus, de sorte que les routes et leurs embranchements deviennent impraticables d'un côté avant d'être terminés de l'autre.

Le grand nombre des cours d'eau nécessite un pont par trois kilomètres, et comme, avec le système des poutres, employé jusqu'à ce jour, la durée d'un pont ne peut excéder douze ou quinze ans, le pont s'écroule quand la route s'achève.

Point de canaux, point de rivières navigables, à peine quelques masses d'eau susceptibles au printemps et à l'automne de supporter des flottages à bûches perdues.

C'est ainsi qu'après des labeurs sans fin, le cultivateur court risque de perdre les biens acquis.

XI

Les femmes.

Veut-on savoir maintenant quel est l'état de la femme vouée par la fatalité aux travaux les plus pénibles de l'agriculture, et abandonnée à elle-même pendant les trois quarts de l'année?

Enfant, elle est élevée avec les petits garçons, dont elle partage les jeux et les exercices, car il faut qu'elle soit l'égale de l'homme pour la vigueur, mais par une anomalie singulière, on ne l'envoie pas à l'école.

La Creuse a conservé le caractère des pays primitifs, où l'orgueilleux égoïsme de l'homme faisait considérer la femme comme une machine à enfantement, indigne de soins, comme un être secondaire, inutile à développer. Barbarie sans raison, qui place la femme veuve sous les ordres de son fils même mineur.

Cependant un observateur impartial qui verrait de près ce qui se passe dans les pays d'émigration, se sentirait pénétré d'un saint respect devant un rigorisme dont les villes offrent peu d'exemples.

Semblable à la matrone romaine, la Marchoise mariée appartient tout entière à son mari Pour montrer qu'elle écarte même l'ombre de la coquetterie, elle cache sous les coiffes ses cheveux dont, jeune fille, elle tressait les bandeaux. Elle s'habille de vêtements plus sombres, symboles de sa vie sérieuse.

Sous peine des plus affreux désordres, il fallait à l'émigrant une compagne courageuse qui mît ainsi son amour-propre dans l'austérité, son bonheur dans l'éducation d'honnêtes enfants. Pendant les trois plus belles saisons, elle consacre son activité à la culture, elle fauche, laboure, charge les fumiers; elle sait que son mari l'aime pour son travail et non pour sa beauté.

Avec l'instruction, l'esprit de la femme pourrait s'élargir dans ce laborieux isolement ; par l'ignorance il s'atrophie ; bientôt elle n'est plus qu'une servante fidèle à laquelle l'homme impose sa volonté. Il lui donne son amour, mais il lui refuse sa confiance. Il estime son cœur, mais il dédaigne sa raison. Il l'oublie au coin du foyer et va se distraire ailleurs.

Mieux élevée, la femme retiendrait peut-être son mari et son fils, elle deviendrait leur amie, leur conseillère, leur égale, et reprendrait sous le toit conjugal l'autorité que mérite sa vertu.

Mais pour beaucoup de Marchois l'instruction de la femme paraît un premier pas vers la démoralisation. Étrange préjugé des pères qui ne préparent pas à leurs filles un sort meilleur qu'à leurs épouses, à leurs gendres des consolations qu'ils ont souvent regrettées pour eux-mêmes.

XII

Remèdes inventés par les administrateurs.

A tant de maux, quels remèdes ont imaginés les administrateurs dans leur toute-puissance ?

Ils ont fondé des comices agricoles qui distribuent quelques primes d'encouragement. Mais depuis lors le cultivateur nourrit un bœuf et un mouton, qu'il présente pompeusement au comice d'arrondissement, et néglige ses troupeaux.

Ils ont refusé des passe-ports pour Paris et pour Lyon, mais ils ont porté atteinte à la liberté individuelle, au droit de circulation, que garantit notre législation; et s'il est défendu d'aller à Paris et à Lyon, il ne l'est pas d'aller à Orléans ou à Saint-Étienne; d'étape en étape, l'ouvrier arrive dans les deux capitales qui lui servent d'asile depuis des siècles. Cette mesure, loin d'arrêter les départs, n'a fait qu'empêcher les retours.

XIII

Remèdes inventés par les administrés.

Qu'ont fait maintenant les administrés? Nous allons le voir dans les délibérations du conseil général de la Creuse pour l'année 1856, l'une des plus chargées de dispositions importantes.

Ils ont émis des vœux pour l'embrigadement des gardes champêtres, pour la création de nouvelles brigades de gendarmerie, pour la promulgation d'un code rural, pour l'amélioration de la race chevaline, pour le partage des biens communaux, pour une prompte concession de cinq chemins de fer.

Les autres vœux concernent des mesures locales.

Un étranger entre les mains duquel tomberait ce précieux monument de la sagesse Marchoise croirait que notre Sanhédrin avait à délibérer sur les intérêts du plus riche département de la France.

On veut, dirait-il, un code rural, des gardes champêtres embrigadés, des gendarmes supplémentaires; sans doute les maraudeurs menacent des plaines fertiles, les propriétés exigent une protection spéciale, les voyageurs couvrent les grandes routes et attirent les voleurs et les assassins.

On veut des étalons officiels; sans doute, comme dans toutes les contrées opulentes, chaque cultivateur a des juments dont les poulains profiteront à la cavalerie.

On veut le partage des biens communaux; sans doute les bras sont inactifs, et les biens communaux, une fois divisés, trouveront d'habiles laboureurs qui les mettront en culture.

On veut cinq lignes de chemins de fer se croisant à Ahun, Aubusson, Bourganeuf, Chenerailles et Bos-Moreau; sans doute ce sont là des centres de commerce considérables, où les produits s'accumulent au grand détriment des populations.

Il serait bien étonné si on lui répondait :

La Creuse est trop pauvre pour que les maraudeurs, les voleurs et les assassins puissent y exercer fructueusement leur industrie;

Les juments y sont rares, parce que l'élevage d'un poulain coûte cher et fait courir trop de risques;

Les terres, dont on veut accroître l'étendue, sont cultivées par des femmes et des vieillards;

Les centres signalés comme stations de chemins de fer sont peuplés seulement de 600 à 6,000 individus.

Le conseil général de mon département a donc fait fausse route.

Il était inutile de réclamer des mesures de police, puisque les statistiques ne donnent que 1 criminel contre les personnes par 37,014 habitants, et 1 criminel contre les propriétés par 20,235 habitants [1].

Il était injuste de réclamer le partage des biens communaux;

Il était exagéré de réclamer cinq lignes de chemins de fer là où une seule était nécessaire.

XIV

Réformes à réclamer.

Il était plus logique de dire :

1° La Creuse ne peut alimenter seule un réseau de chemins de fer; les compagnies reculeront toujours devant les difficultés de pareille entreprise. Il suffit au département d'une ligne qui compte pour prospérer sur des déplacements étrangers, celle de l'est à l'ouest, par exemple (déjà à l'étude, je crois), qui mettrait la masse du territoire Germanique

---

1. Voir les statistiques de M. Guerry rapportées dans la consciencieuse géographie de Malte-Brun.

et la France orientale en communication directe avec l'Océan.

La Creuse ne sera alors qu'un pays de passage sur lequel on ne comptera point pour les premiers dividendes des actionnaires; les entrepreneurs ne se décourageront plus à la première tranchée dans le roc, et les voies de communication s'établiront d'elles-mêmes entre nos bassins houillers et la ligne-ferrée. En même temps cette ligne, traversant la France de part en part, coupera les lignes longitudinales et unira tous les départements de l'empire.

Un grand problème sera résolu. Les travailleurs reviendront dans leur pays natal, où les appellera l'industrie. Ils perdront en partie l'habitude et le goût du déplacement; ils songeront enfin à cultiver leurs champs, dont ils pourront à l'aise exporter les produits.

Toute demande spéciale à la Creuse est une utopie à l'usage des niais et des électeurs.

2° Il ne faut ni partager ni vendre *les biens communaux;* ils sont le legs unique et prévoyant du passé à l'avenir; ils sont le patrimoine du pauvre; ils attirent des habitants dans les villages; ils maintiennent le haut prix des héritages en culture; nulle administration, à moins de besoins indispensables, ne doit faire cesser leur indivision. Seulement il faut les rendre productifs, malgré l'incurie de leurs légitimes propriétaires.

Le moyen de les rendre productifs est d'utiliser le mode actuel de défrichement. En effet, l'habitant défriche une parcelle de communal, et par l'incinération, qui le dispense d'engrais, obtient d'abord une récolte de seigle, puis une récolte de blé noir ou d'avoine, après quoi le sol est abandonné pendant dix-huit ans.

Dans les communes (ou les sections) bien administrées, les communaux sont divisés en dix parts, de telle sorte que, chaque année, chaque habitant puisse avoir à défricher ou à cultiver un certain nombre d'ares.

La commune (ou la section) perd ainsi annuellement le prix de location du dixième de son terrain.

Pourquoi n'imposerait-elle pas aux concessionnaires la condition de lui rendre ce terrain ensemencé de bois? Le sol de la Creuse produit presque spontanément, selon les degrés d'humidité ou d'aridité, le peuplier, l'orme, l'aune, le chêne, le sapin, le hêtre, le bouleau ; la location du sol serait payée en graines d'arbres désignées par les conseils municipaux dans une délibération spéciale.

Au bout de vingt ans ces inmenses landes nues seraient couvertes de forêts, et le prix des coupes réglées suffirait aux dépenses, enrichirait la caisse communale, secourrait les indigens, nourrirait les infirmes et donnerait une nouvelle vie aux municipalités. Le remède au déboisement universel dont se plaignent les économistes serait trouvé pour le département de la Creuse.

Quant aux parcelles trop rebelles à la sylviculture, on pourrait les aliéner pour faire face aux besoins les plus urgents, tels que ceux d'une pompe à incendie, d'un lavoir public, d'une maison d'école, ou encore les laisser exploiter par les plus nécessiteux, entre lesquels choisiraient chaque année les conseils municipaux.

Les communaux utilisés en Espagne ont plus d'une fois sauvé la nation en protégeant les habitants contre leur propre imprévoyance, en garantissant les communes des calamités publiques, en permettant d'assister les pauvres et les malades. (Voir **M. Le Play**, *Ouvriers européens*.)

3° 60 départements sont plus étendus que la Creuse, 70 sont plus peuplés, et cependant les tribunaux jugent annuellement 1,400 procès civils, ce qui donne un procès civil par 207 habitants, et place la Creuse au dix-septième rang des départements processifs. C'est là une source de ruine ; la réforme du code de procédure et l'extension de la compétence des juges de paix seraient deux moyens de s'en défendre.

4° Sur 1,000 recrues, le département de la Creuse ne fournit que 284 agriculteurs ; 80 départements en fournissent davantage ; il faut donc demander qu'au programme de l'instruction primaire soit annexé un cours d'agriculture, qu'à la maison d'école soit donnée une parcelle du terrain communal pour l'application de la pratique à la théorie.

5° La Creuse, sur 100 jeunes gens recensés, n'en donne que 23 sachant lire et écrire. En 1829 on ne comptait que 1 écolier sur 74 enfants. Il y a donc progrès depuis cette époque, mais ce progrès a été bien lent, puisque la Creuse occupe le soixante-onzième rang dans l'ordre de l'instruction primaire.

Pour répandre les lumières il faudrait un lycée, des bibliothèques cantonales; mais surtout il faudrait rendre l'instruction abordable à tous, de six à douze ans, en établissant ou la gratuité, ou au moins un tarif proportionnel à la contribution foncière de chaque famille fournissant un écolier, de telle sorte que les plus riches pussent indemniser l'instituteur, la commune et le département des soins donnés aux plus pauvres.

Jamais département n'eut plus que la Creuse besoin d'instruction, puisque l'absence des hommes nécessite des transactions par procuration, des contrats sous seings privés. Pour parer aux inconvénients de l'ignorance, la plupart des maçons apprennent à signer sans apprendre à lire. De là des fraudes et des abus incessants.

6° Le département de la Creuse n'occupe que le quatre-vingt-cinquième, c'est à dire l'avant-dernier rang pour le chiffre des valeurs premières annuelles et pour la valeur des produits fabriqués. Il occupe le quatre-vingt-troisième rang pour le montant des patentes; double preuve d'une pauvreté commerciale excessive.

En revanche il occupe le vingt-deuxième rang pour la longévité des habitans : la durée moyenne de la vie y est de 39 ans et 7 mois; cette durée serait plus grande encore si l'émigration, en rapportant chaque année des germes de maladie, n'accroissait les chances de mort.

Dans un but d'utilité pour le département et d'hygiène générale, il serait donc utile de demander, au profit de la Creuse, le déplacement de quelques-uns des grands établissements publics (écoles, maisons de retraites) qui importeraient la richesse et jouiraient des avantages du climat.

7° L'usure est un fléau, surtout lorsque, comme dans la Creuse (où il y a peu de fortunes et peu de besoins), elle opère sur de minimes capitaux. Elle est irrémédiable si le taux de l'intérêt reste le même au profit indistinctement des petits et des grands prêteurs d'argent. Pourtant le capitaliste qui prête 100,000 francs fournit à son emprunteur un levier autrement puissant que s'il lui prêtait successivement 100 fois 1,000 francs; et 100 obligations de 1,000 francs chacune coûtent plus de frais à l'emprunteur qu'une seule de 100,000 francs.

Le législateur ne ferait donc rien d'inique : 1° en permettant au capitaliste de percevoir des intérêts proportionnels au sacrifice qu'il s'impose et à la puissance d'action qu'il transmet; 2° en abaissant, par les mêmes motifs, le taux de l'intérêt proportionnellement à l'exiguïté du capital fourni. Établir un intérêt progressif, suivant l'importance du prêt, serait une équitable rémunération pour les gros prêteurs et un équitable soulagement pour les petits débiteurs.

Les petits capitalistes, dira-t-on, seraient lésés et les petits emprunteurs ne trouveraient plus d'argent. Mais alors tous s'associeraient respectivement, et les petits capitalistes unissant leurs économies tandis que les petits emprunteurs uniraient leur solidarité, la France ne serait plus couverte que de grandes entreprises.

L'État y gagnerait de connaître au juste la richesse de toutes les familles et de ne plus s'égarer dans les perceptions d'impôts.

8° La pulvérisation fatale et continue des héritages tue le sol, dissout les familles, chasse les propriétaires, préjudicie à l'État. Pour l'arrêter il faut, comme en Allemagne, établir un maximum de morcellement [1] ou, prenant une mesure mixte, diviser le

____

1. En Autriche les propriétés ne peuvent être divisées quand leur étendue est moindre de 140 metzen (26 hectares). Les terres du Mecklenbourg, de la Westphalie, de l'Elfel, de la Prusse Rhénane, du Hanovre, de l'Oldenbourg, de la Thuringe, sont soumises au *gebundenheit* (indivisibilité). Mêmes phénomènes dans tous les pays où, comme dans la Creuse, l'élevage des bestiaux représente la principale richesse. Dans le grand-duché de Bade, les ventes et donations

sol en deux classes : la première, composée de terrains dont la transmission intégrale serait essentielle, la seconde abandonnée aux chances de la subdivision; ou enfin déshériter les filles et n'établir de partage qu'entre les descendants mâles du défunt [1].

Mais cette triple solution présenterait d'immenses difficultés ou porterait atteinte aux lois d'égalité des sexes consacrées par la révolution de 1789. Mieux vaut en appeler à la clairvoyance des citoyens et, modifiant graduellement la loi sur les successions, supprimer les héritiers réservataires et accorder aux propriétaires la liberté de tester dans toute sa plénitude.

Cette ressource navrante pour le cœur humain, monstrueuse même, puisqu'elle abandonne au caprice du père le sort des enfants, n'en est pas moins l'unique moyen de maintenir la hiérarchie dans la

qui morcellent le sol sont soumises à un double droit d'enregistrement. En Bavière et en Wurtemberg, les spéculateurs que nous appelons *bandes noires* sont flétris du nom de *bouchers des domaines*. (V. le *Dictionnaire des économistes*, v° SUCCESSION. Guillaumin, 1854.)

1. Dans les cahiers des doléances présentés aux états généraux, l'exhérédation des filles a été instamment réclamée par le bailliage de Felletin et la sénéchaussée d'Aubusson, dans le but non d'arrêter le morcellement, auquel on pouvait encore parer, mais d'améliorer les races; les électeurs espéraient seulement écarter les mariages de fortune et favoriser les mariages d'inclination. (Voir les vœux émis par le prieur de Rougnat et par M. Beaulieu, curé de Saint-Pardoux d'Arneix.)

La coutume de la Marche (faite en vue de *la conservation des maisons*, art. 242) disait : « Art. 289. Le père, soit gentilhomme, soit roturier, peut donner à sa fille ce que bon lui semblera, en la mariant; et ne peut la fille autre chose demander ès biens de son dit père que ce qui lui a été baillé par son dit père en traité de mariage. »

famille et de rendre au sol les facultés productrices qui lui manquent.

Le droit de propriété admis par nos lois se trouve restreint par l'incapacité d'en user à l'heure de la mort; la restriction d'un droit est l'amoindrissement de ce droit, et cet amoindrissement amène fatalement l'idée d'une suppression complète.

L'anéantissement de la liberté de tester tend donc à notre insu vers l'anéantissement du droit de propriété, que les économistes présentent cependant comme la pierre angulaire de tout édifice social.

Que le législateur prenne ses précautions : qu'il établisse, par exemple, que les capitaux seront forcément divisés; que l'indivision sera facultative seulement pour les immeubles *formant corps de domaine;* que cette indivision aura pour corrollaire naturel la justification dans le testament d'un état donné aux enfants déshérités. Que toutes chances de captation soient écartées! Peu importent les moyens, c'est le droit qu'il faut consacrer tout de suite par une sage précaution législative, de peur que plus tard un bouleversement social n'amène une abolition absolue de la propriété même, qui, bientôt du reste, renaîtrait plus florissante dans de nouvelles mains.

Émettons donc le vœu que la loi des successions soit revisée, qu'une plus grande latitude soit accordée aux testateurs instruits par soixante-dix ans d'expérience à respecter l'égalité. Laissons à leur sagacité le soin de diviser ou de maintenir intacts les héritages qu'ils transmettent.

Les hommes valides apprendront alors à se partager en deux classes, l'une d'agriculteurs et l'autre d'ouvriers. L'agriculteur fera prospérer le champ héréditaire, agglomérera ses parcelles, et l'ouvrier trouvera une compensation dans les plus gros salaires que lui vaudra le dépeuplement naturel des villes.

Le salut du département de la Creuse est dans une loi contre le morcellement: les autres tentatives ne seront que locales; si elles assimilent certaines communes aux communes des pays riches, elles n'en laisseront pas moins déserte la plus grande partie du territoire.

XV

Coup d'œil rétrospectif.

Pour démontrer tout à fait la vérité de cette thèse, nous n'avons qu'à nous reporter à un temps dont le souvenir n'est pas entièrement éteint.

Avant la révolution de 1789, époque à laquelle les progrès du morcellement pouvaient être arrêtés par les dispositions testamentaires, la Marche avait une importance agricole qui lui donnait voix délibérative dans les conseils réunis pour veiller à l'alimentation de la ville de Paris.

En 1670, par exemple, lorsqu'il fut question de

transporter le marché de Bourg-la-Reine à Sceaux, on consulta un grand nombre de marchands Marchois et Limousins, entre autres, Jean Gaire, Pierre Suchot (de Limoges), Léonard Paris, Gilles Mansuet (du Chatenet en Marche), Michel David (de Boussac), Nicolas Lavainsiers (de Mordenne en Marche).

Le 18 février 1677 ce furent des pétitionnaires des mêmes pays qui obtinrent le pavage du marché de Sceaux.

Parmi eux on peut citer Jean Ciron (de Tulle), Florent Rossignol, Nicolas Trochard, Louis Pottier (du Moulin en la Marche), François Citoux (de Montaigu en Combraille), Marin, Vachier (de Chambon en Combraille), qui, ne sachant signer, apposèrent leur marque.

En 1710, Delamare écrivait dans son *Traité de la police :* « La Marche est un pays entrecoupé de montagnes. Il s'y fait un commerce *considérable* de bœufs, de vaches, de veaux, et surtout de moutons qui se nourrissent dans les montagnes et les prairies qui se forment dans les vallons. Avant Noël se débitent à Sceaux les bestiaux nourris dans le printemps. Depuis Noël jusqu'à la Saint-Jean, tout ce qui se débite à la boucherie est nourri à l'étable. On nomme les premiers bestiaux de *pâture* et les autres bestiaux de *poture.* » (Delamare ne comprend pas que *poture* vient du latin *potare*, boire, parce qu'on fait baquer les bestiaux à l'étable, et il ajoute) : « Le mot *poture* est opposé à *pâturage*, pour signifier les fourrages, grains et autres aliments dont on nourrit les animaux à l'étable. La plus grande partie des bœufs de poture et les meilleurs qui se débitent à Paris, viennent *du Limousin et de la Marche*, où ils sont nourris et engraissés de châtaignes et de grosses raves, abondantes en ces pays. »

Il y avait donc en ce temps-là assez de bestiaux et de grains dans la Marche pour que cette province contribuât à approvisionner Paris. Aussi lorsque les rois voulaient sauvegarder l'alimentation de leur capitale, ils ne manquaient jamais d'adjoindre la Marche et le Limousin aux provinces privilégiées. Il existe notamment une ordonnance du 18 août 1644, qui défend de saisir en Marche, Limousin et Normandie, les bestiaux destinés aux marchés de Paris. Devant de pareilles constatations, il est impossible de désespérer entièrement de l'avenir agricole de la Creuse.

DIGRESSION

I

La brochure de M. Brame [1]

M. Jules Brame, député du Nord, pénétré des exigences de son mandat, et comprenant la sollicitude du pouvoir depuis les décourageantes révélations de M. Léonce de Lavergne, a songé à résoudre les questions posées aux sociétés d'agriculture, à expliquer pourquoi les campagnes devenaient inhabitables, à diminuer enfin les proportions de l'émigration que nous avons appelée *intranationale*.

Il a publié une brochure qui porte pour titre : *De l'émigration des campagnes*, et pour épigraphe quatre vers d'un de nos plus illustres poëtes.

Nous avons cru devoir consacrer un chapitre à cette étude, parce qu'elle résume une série d'opinions dans lesquelles tournent depuis longtemps les hommes de théorie, opinions spécieuses qui laissent supposer au public que le bien-être général dépend exclusivement des réformes administratives, et que nos institutions organiques ont atteint la plus grande perfection possible.

---

1. *Émigration des campagnes*, par M. J. Brame, député du Nord, 1859.

Cette étude est du reste si séduisante dans sa forme, si véridique dans ses tableaux, si honnête dans ses tendances, qu'on n'en aperçoit pas au premier abord la défectuosité radicale.

M. Brame a pris des résultats pour des causes, sans se douter ou du moins sans avouer qu'il mettait à nu les vices de notre organisation sociale.

A ses yeux, l'émigration des campagnes est encouragée par l'absentéisme, les travaux énormes que l'on exécute dans la capitale et dans les grandes villes, le défaut d'assistance dans les campagnes, le manque de tarifs protecteurs, de crédits, d'instruction professionnelle, les armées nombreuses et permanentes, le mode de recrutement de l'armée, surtout l'application du système nouveau.

Nous allons successivement passer en revue ces divers mobiles de la ruine agricole, en les rapportant le plus possible au département de la Creuse.

II

Absentéisme.

L'*absentéisme* (mot anglais qui désigne l'absence systématique des grands propriétaires et l'abandon des revenus territoriaux à l'exploitation d'intermédiaires, fermiers ou régisseurs) n'a pas une grande influence sur le dépeuplement de la Creuse, par la raison toute simple que le nombre des grands propriétaires est fort restreint, et que les revenus de la terre sont

trop minimes pour enrichir les grandes villes au pré-
judice de notre département.

D'un autre côté, nous aurions mauvaise grâce à
nous plaindre des dépenses faites à Paris, puisque
Paris, centre principal des travaux de maçonnerie,
nous restitue plus d'argent que nous ne lui en avons
jamais envoyé.

Le manque d'écoles spéciales, l'éloignement de la
cour impériale, de l'évêché, de la division militaire,
obligent bien les fils, dits de famille, à quitter leur
pays pour chercher les moyens d'abord de passer
leurs examens et ensuite d'utiliser leur science ; mais
en dehors de ceux qui se vouent aux fonctions publiques ou libérales, les riches qui ne sont pas trop pauvres pour aller se réjouir dans les grandes villes se
raient faciles à compter.

Dans l'idée de conjurer un fléau nuisible surtout
aux départements fertiles, M. Brame invite le pouvoir à fixer son attention sur le genre de vie adopté par
les grands propriétaires étrangers. Il compare d'une
façon aussi piquante que judicieuse le grand propriétaire Anglais au grand propriétaire Français :

« Revêtu par le suffrage de ses concitoyens, de
pouvoirs étendus que la loi consacre, le propriétaire
préside, en qualité de commissaire de sa paroisse
(commune) ou de son comté (département), au tracé,
à l'exécution et à l'entretien des routes, des canaux, etc.; il règle tous les différends entre les com-

pagnies, les entrepreneurs et les particuliers; il concilie leurs intérêts, il dirige lui-même dans ses domaines les constructions, les dessèchements, les déboisements, les plantations. Il consacre à ces divers travaux la moitié de son revenu au moins, parce qu'il trouve dans la vie rurale bénéfice, indépendance et plaisir.

« Il n'en est pas de même dans d'autres pays. Le nôtre, par exemple, n'offre plus dans la campagne au grand propriétaire ni les mêmes charmes, ni les mêmes avantages. Fût-il l'homme le plus respecté de sa région, il ne peut s'occuper activement des intérêts de sa commune, des améliorations à y introduire. Chaque réclamation qu'il doit adresser en faveur de ses concitoyens exige de sa part des dérangements pénibles, de nombreuses démarches et pertes de temps. Impuissant à secourir les malheureux qui invoquent son appui, il se voit placé entre les impulsions de son cœur généreux et le soin de sa dignité et de son repos. Souvent en lutte avec des employés subalternes qui, par leur force d'inertie, viennent briser sa volonté, il s'épuise, se déconsidère en sollicitations stériles; pris enfin par le vertige du découragement, il se dégoûte du séjour des champs, cède aux suggestions de sa compagne, qu'une éducation futile éloigne des travaux sérieux, confie ses affaires à un étranger et va habiter la capitale, dernier et seul refuge de l'indépendance. »

M. Brame a certainement vu de près la longue série des petites tyrannies locales dont les administrations harcèlent les familles qui leur déplaisent, et on comprend qu'il en appelle à un système entièrement opposé. Sauf le trait final à l'adresse des dames et de leur éducation futile, nous ne voyons dans ce tableau rien d'exagéré, mais nous sommes loin cependant de désirer l'omnipotence municipale du grand propriétaire, qui donnerait naissance à des abus plus grands, tels que l'inégalité des conditions, le rétablissement des grands fiefs, le privilége des majorats, le servage.

Notre but est l'organisation de la moyenne propriété; pour la reconstituer nous avons réclamé dans le chapitre précédent la liberté de disposer au profit d'un seul d'un *ensemble déterminé d'immeubles,* mais le morcellement indéfini nous semble encore préférable au retour de la grande propriété, qui transforme le cultivateur en valet de charrue et brise tous les liens entre l'homme pauvre et la terre.

Mieux valait demander l'extension des pouvoirs des conseils généraux, l'agrandissement des communes, la renaissance des municipalités. L'élection sérieuse ferait vite le reste.

III

Travaux dans les grandes villes.

M. Brame s'élève avec force contre les travaux effectués dans les grandes villes, contre les travaux du bâtiment surtout, dont le luxe stérile appauvrit les industries utiles. Il nous montre, chiffres en main, que Paris et une dizaine d'autres villes accaparent seules le budget des travaux publics.

Nous n'avons pas l'intention de contredire et nous savons bien que les palais sculptés ne font pas le bonheur des peuples ; mais, pour excuser ces travaux, il n'est pas inutile de jeter un coup d'œil sur la position de la France au moment où elle s'est donnée à l'Empereur.

Obéissant au vertige de centralisation qui ne l'a point quittée depuis 1789, notre malheureuse patrie s'est vue dans toutes ses convulsions débordée par les ouvriers sans travail. La révolution de 1848, dont l'histoire se souviendra avec respect à cause des souffrances qu'elle a énergiquement endurées et des ingratitudes qui ont signalé sa chute, n'a dû son impuissance qu'à l'embarras suscité par le chômage des travailleurs des villes.

On demandait de l'ouvrage, quel qu'il fût et de n'importe quelles mains. On parlait du droit au travail, on pérorait dans les clubs, les magasins étaient encombrés, les denrées à bas prix et pourtant le peuple avait faim. (Voir le paragraphe Chômage dans le chapitre suivant.)

En arrivant au pouvoir, l'Empereur comprit l'étendue du mal et avisa d'urgence à soulager la nation en attendant qu'il pût la guérir. Il se servit des moyens à sa portée. Ne pouvant ni ne voulant forcer la main à l'industrie privée, il inaugura l'ère des travaux publics.

Maintenant que le pays a repris confiance, l'exagération des dépenses pour travaux publics est peut-être un danger d'un genre nouveau, mais cette exagération est le corollaire nécessaire de nos institutions centralisatrices. Les municipalités des grandes villes seront de plus en plus entraînées à des dépenses que l'émigration fatalement progressive des campagnes les forcera d'augmenter indéfiniment, car l'émigration est la cause, non le résultat, de ces mêmes travaux. Le paysan ne se métamorphose pas en ouvrier parce qu'il sait que l'ouvrage abonde, ce sont les municipalités qui se ruinent parce que les ouvriers campagnards les encombrent. Supprimer ou même diminuer les travaux publics, ce serait décréter la misère, les révolutions ; pour faire reprendre aux émigrants le chemin de leur pays, il faudrait rendre la vie aux provinces, et pour rendre la vie aux provinces il faudrait saper par la base bien des lois considérées comme conquêtes sacrées de la grande révolution.

Dans le but d'ajourner encore les réformes radicales auxquelles on en appellera bien un jour, je me suis borné à demander la liberté de tester, moyen terme qui aboutirait, au moins pour la Creuse, à la division des habitants en deux classes, l'une d'agriculteurs, l'autre d'ouvriers, et qui, maintenant dans leurs foyers une quote-part des émigrants, diminuerait en proportion les sacrifices que les villes et l'État consacrent à l'industrie improductive du bâtiment. Mais j'avoue que cette solution ne guérit le mal qu'à moitié et qu'une réforme plus radicale est désirable.

IV

Autres considérations.

M. Brame accuse encore :

Le défaut d'assistance dans les campagnes, le défaut d'instruction professionnelle, le défaut de crédits agricoles, les armées nombreuses et permanentes.

La Creuse ne déplore guère le *défaut d'assistance*, parce que le paupérisme y fait peu de ravages [1].

M. Brame pense qu'on devrait doter chaque commune d'un bureau de bienfaisance, et donner à chaque campagnard les avantages hospitaliers qu'il cherche dans les villes.

Ce système est impossible. La division restreinte des communes morcellera toujours les ressources. Les communes opulentes auront des donateurs et point d'indigents ; les communes malheureuses auront des indigents et point de donateurs.

Il serait mieux de constituer au chef-lieu de chaque

1. Le département de la Creuse ne fournit que 1 indigent sur 60 habitants, tandis que le département du Nord en fournit 1 sur 6. Celui-ci est le premier et celui-là le dernier dans l'échelle du paupérisme. (*Géographie* de MALTE-BRUN.)

département, ou de chaque arrondissement, ou en dernière analyse de chaque canton, une société secourable qui établît une sorte d'union solidaire entre les communes. Les âmes charitables dotent de leurs bienfaits les villes qu'elles habitent plutôt que les campagnes qu'elles traversent, parce qu'elles ne trouvent dans ces dernières aucune certitude que leurs intentions soient remplies ; elles ne croient pas à l'impartialité des administrations rurales, à la régularité des besoins. Du jour où un canton entier serait appelé à bénir leurs sacrifices, où elles verraient l'assistance distribuée d'une façon efficace, elles rapporteraient vite leur offrande à ces champs où tant de fois elles ont trouvé la paix intérieure, l'oubli des déceptions, la consolation des déboires que prodiguent les villes.

Avant de fonder des bureaux de bienfaisance, montrez-nous ce qu'ils soulageront et prouvez-nous que leurs dépenses constitutionnelles ne seront pas supérieures aux services rendus.

Le défaut d'instruction professionnelle. — Encore une impasse. Vous voulez une instruction agricole, à l'aide de laquelle le cultivateur calculera d'avance les richesses enfouies dans la terre. Mais il faut commencer par anéantir toutes les lois de l'instruction primaire, empêcher l'enfant de perdre son temps à des études superflues, supprimer les programmes en ne maintenant que la lecture et l'écriture. Bien différente sera l'éducation professionnelle de l'enfant du Nord et de l'enfant de la Creuse. L'uniformité imposée par vos administrations centrales, par vos inspections étrangères, par vos écoles normales, viendra toujours enrayer les tentatives. L'instituteur devrait être un agriculteur : on lui donne sept ares de jardin ; si la commune lui sacrifie davantage, c'est qu'elle est riche : alors il n'a plus d'écoliers et les enfants de l'endroit vont au collége. Il ne peut prendre de pensionnaires, les heures des classes sont fixées ; comment montrer aux élèves les mystères du travail de la nature ? D'ailleurs, s'il est bon agriculteur, il aimera mieux se faire fermier que pédagogue.

Le défaut de crédits agricoles. — Mais les crédits agricoles sont impossibles avec notre régime hypothécaire et paperassier, avec les entraves qui gênent la circulation des immeubles, avec les inextricables chaînes du régime dotal. Et le gouvernement était logique quand il patronnait le véritable refuge de l'agriculture, l'assurance ; là encore il s'est arrêté en face des difficultés suscitées par la maladie du jour qu'on pourrait appeler la *Centralomanie.*

Les dangers que courent les récoltes varient en effet selon les climats, selon les mœurs, selon la nature du sol, selon le cours des rivières. Créer l'assurance obligatoire, c'était doubler les impôts ; la créer facultative, c'était assimiler l'État à une compagnie industrielle.

Les armées nombreuses et permanentes, le mode de recrutement. — Il ne nous appartient pas de juger à cette heure les vices inhérents à notre organisation militaire. M. Brame a écrit sa brochure pendant la paix; mais au moment suprême où nous avons brodé en lettres d'or, sur le drapeau français, les mots sacrés de liberté et de dévouement, nous devons nous féliciter d'avoir su aguerrir de nombreuses milices. Plus tard, quand l'indépendance de l'Italie aura triomphé, quand la paix sera revenue, nous verrons si, avec nos institutions actuelles, il est possible d'amoindrir l'effectif de nos armées, ou si plutôt cette multitude de soldats n'est point une autre nécessité imposée par la centralisation, une conséquence enfin plutôt qu'un motif du dépeuplement des campagnes et de l'encombrement des villes.

V

Conclusion.

Ceci posé, M. Brame peut conclure par cette éloquente adresse au pouvoir souverain :

« Ennoblissez les travaux de la terre, vous doublerez sa fécondité, multipliez nos voies de communication, suspendez les travaux publics sans utilité, modérez le goût du luxe, combattez l'influence des grandes villes, favorisez dans le hameau et dans le village les industries mixtes, propagez l'instruction, honorez tous ceux qui consacrent à la culture leur intelligence et leur fortune, reportez toute l'énergie de votre activité sur les campagnes, déversez vos bienfaits sur les habitants des provinces comme sur ceux de Paris, maintenez la paix par tous les moyens que l'honneur n'interdit pas; nos injures sont vengées; la France a conquis le premier rang parmi les nations; réduisez le nombre des soldats; diminuez les impôts; conservez les garanties auxquelles nos industries doivent leur grandeur, et comme couronnement de l'œuvre, accomplissez la promesse inscrite au frontispice de notre constitution, donnez aux Français ce principe de liberté dont ils sont si fiers et si jaloux, et votre nom sera béni, comme ont été bénis les noms de Louis XII et de Henri IV. »

La véritable pensée de sa brochure n'en reste pas moins dans les quelques lignes tombées de sa plume à propos de l'absentéisme :

« Nos regrets, dit-il, ne s'adressent pas seulement à l'administration actuelle, mais surtout à celles qui l'ont précédée et qui lui ont légué pour héritage la centralisation administrative, véritable fléau français qui arrête tous les ressorts, décourage toutes les bonnes intentions, multiplie les entraves, éternise les difficultés, tue les initiatives et compromet l'existence du gouvernement même; car on est habitué à tout reporter à lui, le mal comme le bien. »

Le gouvernement impérial l'a bien compris lorsque, pour transmettre aux départements l'activité de la

métropole, il a promulgué le décret de décentralisa-
tion administrative, qui porterait les meilleurs fruits
s'il y avait un homme de génie à la tête de chacun
des quatre-vingt-six départements de France.

Nous voyons les faits exactement comme nous les
décrit M. Brame, mais nous persistons à penser qu'il
a indiqué seulement des moyens transitoires, des pal-
liatifs d'occasion, des remèdes de détail, applicables
peut-être à certaines bourgades, mais impraticables
sur le reste du territoire.

Quand un homme a la fièvre, on ne soigne pas
successivement chacun de ses membres; on lui impose un traitement organique. De même quand une
nation présente sur toute sa surface les mêmes symp-
tômes morbides, il ne suffit pas d'ajouter de nouvelles lois aux anciennes, il faut substituer aux institutions primordiales des institutions opposées.

Cette substitution serait-elle efficace, serait-elle
même possible? Nous le croyons pour notre part;
et le retour progressif vers un fédéralisme combiné
avec les droits reconnus par la révolution de 1789,
nous semblerait sauvegarder à la fois les intérêts.des
peuples et la stabilité des souverains.

Maintenant nous pouvons rendre hommage à la
bonne pensée qui a inspiré le livre de l'*Émigration des
campagnes*, et constater que l'honorable député du
Nord s'est montré l'ami sincère, sinon infaillible de
sa patrie et du pouvoir.

INDUSTRIE

I

Départ.

Il ne serait pas juste, sous prétexte que l'émigration sans bornes est une calamité publique, d'abandonner à lui-même le citoyen dépaysé quand il risque de manquer de pain.

Ces déplacements lointains ont un côté respectable ; ils démontrent le besoin du bien-être, l'aspiration à un état meilleur, c'est-à-dire une tendance sensible vers le progrès. Je suis tout prêt à excuser ce mécontentement du présent que déplorent les heureux du siècle, car si, d'un côté, il jette dans la société une perturbation provisoire, il accuse en même temps une horreur de l'inertie et une foi en l'avenir qui seront toujours les deux principaux leviers de la civilisation.

Acceptons donc sans récrimination le dépeuplement des campagnes tout aussi longtemps que nous nous sentirons incapables de l'arrêter. Laissons-le même progresser dans les conditions actuelles si nous n'avons à lui opposer que des déclamations surannées ou des mesures arbitraires ; et en attendant que nous ayons résolu par le fédéralisme le problème de l'équilibre des salaires, étudions l'ouvrier tel que le produit l'émigration. Voyons son genre de vie, ses chances de fortune, ses misères et les moyens de rendre sa situation moins précaire.

A l'époque où M. Partouneaux, ancien secrétaire général du département de la Creuse, publia son travail sur l'émigration Marchoise (1827), les ouvriers de l'arrondissement d'Aubusson se dirigeaient plus spécialement vers les départements de la Seine, du Rhône, de la Loire, du Cher, de la Nièvre, de l'Yonne, de la Côte-d'Or, de la Vendée, du Puy-de-Dôme, de la Charente-Inférieure, de la Saône-et-Loire, de l'Allier, du Jura; ceux de l'arrondissement de Boussac, vers les départements de la Seine, du Cher, de la Nièvre, de l'Allier, du Loiret, de la Saône et de l'Indre; ceux de l'arrondissement de Bourganeuf, vers les départements de la Seine, du Rhône, de la Seine-et-Marne et de la Marne; ceux enfin de l'arrondissement de Guéret, vers les départements de la Seine, du Loiret, de la Seine-et-Marne, de l'Yonne, du Cher, de la Côte-d'Or, du Rhône, de la Vendée, de la Nièvre, de l'Indre, de l'Allier et du Loir-et-Cher.

Plus récemment le Lot, l'Isère, les Bouches-du-Rhône, la Gironde, l'Indre-et-Loire, la Loire-Inférieure ont accru le nombre des départements qui donnent asile aux maçons Limousins, mais la proportion des émigrants qui se rendent à Lyon, et surtout à Paris, augmente, tandis qu'elle diminue sur les autres directions.

Aussi nous occuperons-nous spécialement des deux grands centres où l'agglomération permet le plus de réformes.

II

Statistique.

Le nombre des ouvriers maçons actuellement à Paris est assez difficile à préciser, à cause des besoins de constructions, qui les obligent à des déplacements continus dans la banlieue ou même dans les départements voisins, d'où ils reviennent au rendez-vous commun après plusieurs mois d'absence.

D'après les statistiques de la chambre de commerce, pour l'année 1847, il existait, en dedans des murs d'octroi, 9,287 maçons, 5,571 peintres en bâtiment. Les charpentiers, scieurs de long, ne furent pas comptés, parce que leurs chantiers se trouvaient hors barrière. Mais on pouvait, sans exagération, évaluer à 3,000 le nombre des ouvriers de ces deux dernières catégories. Si on ajoute à ces chiffres 5,000 ouvriers maçons ou peintres, logés aussi hors barrière ou travaillant aux environs de Paris, on obtiendra, pour l'an 1847, un chiffre de 23,000 ouvriers environ, employés aux travaux auxquels se livrent ordinairement les émigrants de la Creuse.

Depuis 1852, les embellissements de Paris ont augmenté d'un tiers environ la quantité des maçons, des peintres, des charpentiers, des scieurs de long, ce qui fait supposer qu'il doit en exister actuellement à Paris environ 32,000.

Sur ces 32,000 ouvriers, les trois quarts arrivent des départements de la Creuse, de la Corrèze, de la Haute-Vienne, ce qui réduirait à 24,000 le nombre des émigrants de ces trois départerments.

(Il est d'autant plus légitime d'admettre ce chiffre que nous laissons de côté les émigrants des mêmes pays attirés par les autres industries.)

Le département de la Creuse contribue à lui seul pour les deux tiers à ce chiffre de 24,000, ce qui donnerait 16,000 ouvriers Creusois présents à Paris, en dedans et en dehors du mur d'octroi pour 1859.

Si, d'un autre côté, nous ajoutons environ 6,000 autres habitants de la Creuse se dirigeant sur Lyon, et 4,000, au minimum, dispersés sur la surface du territoire Français, nous reconnaîtrons que chaque année un département est privé des bras de 26,000 hommes valides, non compris les soldats en activité de service.

Comme les risques, les gains et les mœurs des différentes industries choisies par les émigrants de la Creuse, de la Corrèze et de la Haute-Vienne sont à peu près les mêmes, je ne distinguerai plus à l'avenir et je me servirai de la dénomination collective de *Maçons de la Creuse*.

III

Mouvement.

Au temps de M. Partouneaux les maçons venaient par bandes de quinze ou vingt individus, sous la conduite d'un chef, maître compagnon ou entrepreneur, qui se chargeait des frais de voyage, de l'entretien et de la nourriture pendant toute la campagne, et payait à chacun une somme fixée d'avance et variant de 150 à 300 francs après neuf mois de travail.

Ce système était essentiellement moral. Il garantissait les profits et les fixait; il encourageait la bonne conduite en ce qu'il ne laissait à l'ouvrier que de minimes sommes à sa disposition jusqu'après son retour. Il empêchait les déplacements aléatoires, il unissait enfin les expatriés par les liens d'une solidarité secourable.

Sous l'influence du dépeuplement qu'a provoqué le morcellement et qu'a déterminé la construction des fortifications de Paris, cette entente a disparu. On n'en trouve plus trace que chez les tuiliers qui fréquentent le Berri et le Forez. Mais les maçons se sont éparpillés, et s'ils voyagent encore par bandes, c'est que les mêmes époques les amènent et les renvoient.

Le départ pour Paris et Lyon s'effectue du 1er mars au 15 avril, et le retour dans la Creuse s'effectue du 1ᵉʳ décembre au 15 janvier. Alors les chemins de fer sont encombrés et les voitures publiques doublent et triplent leurs services.

En arrivant à Paris, ils se rendent au *garni* qui leur est indiqué d'avance, et dès le lendemain matin ils stationnent sur les places où s'opèrent les embauchages.

La place de Grève, vis-à-vis l'hôtel de ville, est le rendez-vous des scieurs de long, et, une heure plus tard, des maçons, des scieurs de pierre, des tailleurs de pierre, des terrassiers.

Les peintres en bâtiment stationnaient autrefois sur la place du Châtelet, ils se rendent actuellement aux abords de la tour Saint-Jacques la Boucherie.

<h1 style="text-align:center">IV</h1>

Embauchage, réforme.

L'embauchage en plein air a bien l'avantage de maintenir l'esprit de corps, de mettre immédiatement en rapport les entrepreneurs avec les ouvriers, d'établir entre tous des moyens de se venir en aide; mais au point de vue de la moralité et de l'hygiène, l'embauchage en plein air est détestable.

En effet, le voisinage du cabaret attire l'embaucheur et l'embauché. Ils perdent ensemble une partie de la journée et finissent par contracter des goûts de dépense et des penchants à l'ivrognerie. Voilà pour la moralité.

Quant à l'hygiène, il est facile de comprendre qu'aux temps de pluie ou de neige, l'ouvrier trempé d'eau, piétinant dans la boue, travaillant ensuite sans se sécher au feu ni changer de vêtements, gagne des maladies qui abrégent ses jours.

La première réforme consisterait donc à protéger contre la pluie une place quelconque de la capitale où chaque matin les ouvriers en bâtiment seraient du moins abrités en attendant l'embauchage. Le gouvernement provisoire avait songé à créer ainsi un entrepôt de travailleurs; mais il n'a pas donné suite à son projet. La ville de Paris, si soigneusement occupée de sa police intérieure, depuis soixante ans, ne tardera sûrement pas à accorder cette satisfaction à la fraction la plus calme et la plus laborieuse de sa population.

Une fois embauché pour un certain laps de temps, le maçon travaille en chantier, c'est-à-dire sur le lieu même où s'élève l'édifice. L'éloignement de son domicile le force naturellement à prendre ses repas dans le cabaret le plus voisin, mais il rapporte le pain qui lui reste et le mange trempé d'un bouillon que lui prépare le maître du garni ou *logeur*.

V

Garnis, logeurs.

Le maçon de la Creuse, venu à Paris sans épouse, sans famille, n'ayant d'autre but que celui de gagner une somme d'argent qui le mette pour l'avenir à l'abri du besoin, ne cherche pas à acquérir le moindre mobilier.

Une chambre garnie lui est suffisante. Comme d'un autre côté il n'a besoin de cette chambre que pour y dormir, il se joint à quelques camarades, et plusieurs lits sont installés côte à côte, ce qui constitue une économie notable.

L'un des membres de cette modeste association loue et *garnit* le local en son nom et prend le titre de *logeur;* il fait venir sa femme, qui se charge des détails d'intérieur, tels que le balayage, le blanchissage, le raccommodage, la préparation du bouillon, l'apprêt de la nourriture en cas de chômage, le tout moyennant 8 francs par mois et par tête, logement compris.

Telle est l'organisation la plus commune, la plus économique et la plus honnête de la chambrée Marchoise. Il n'est pas rare de voir ainsi ordonnées toutes les pièces de tous les étages d'une même maison, comme on peut s'en assurer dans les quartiers Saint-Marcel, Saint-Victor, Sainte-Geneviève, et comme on l'observait encore mieux aux abords de l'hôtel de ville, avant les démolitions qui ont dispersé maintenant et refoulé hors barrière la plus grande partie des ouvriers du bâtiment.

Ici encore l'hygiène laisse à désirer : les hommes couchent par deux et trois dans chaque lit ; cet entassement vicie l'air et engendre des épidémies. La cherté des loyers empêchera longtemps de remédier à l'état de choses que je signale.

Cependant les cités ouvrières, dont les plans ont toujours été dressés au point de vue des ouvriers mariés et sédentaires, seraient surtout utiles aux émigrants, qui n'auraient besoin, comme les communautés religieuses, que d'une cuisine, d'un vaste réfectoire et d'un grand nombre de cellules.

VI

Maçonnerie.

L'art de la maçonnerie n'a pas fait de sensibles progrès ; nous trouvons dans le *Dictionnaire des arts, et métiers* de Lucotte, architecte, la nomenclature des ouvriers en bâtiment, qui en 1783 était exactement la même qu'aujourd'hui. La voici :

« Le premier et le chef des ouvriers est *l'architecte*. Son emploi est de faire les plans et les élévations des bâtiments, d'en diriger tous les détails, de dresser les devis et marchés, et de régler les prix lorsque les ouvrages sont terminés. Dans les grands édifices, il est aidé ordinairement des contrôleurs, inspecteurs, sous-inspecteurs et autres architectes inférieurs.

« Après l'architecte, le premier ouvrier est le *maître maçon*. Son emploi est de conduire la maçonnerie du bâtiment, suivant les plans et élévations qui lui sont donnés par l'architecte ou ses préposés, de fournir tous les matériaux, de les employer, d'en diriger l'économie, ce qu'on appelle *entreprise*.

« Le deuxième ouvrier est le *maître compagnon*, homme de confiance et instruit dans l'art, qui agit pour les intérêts du maître maçon et en son absence. Son emploi est de donner tous les soins à la main-d'œuvre, de faire l'appel des ouvriers le matin et le soir, et son rôle pendant la journée, de donner des récépissés des matériaux à mesure qu'ils arrivent, d'emmagasiner et prendre soin des équipages et ustensiles, en un mot, de veiller à l'économie générale du bâtiment.

« Le troisième est l'*appareilleur*. Son emploi est de construire les épures (dessins détaillés des voûtes), d'après les détails du maître maçon, d'appareiller les pierres et d'en fixer la dimension. Le prix de sa journée est d'environ 3 livres à Paris. Il est quelquefois aidé par ses compagnons ou *garçons du tas,* appareilleurs inférieurs; le prix de leur journée est moindre.

« Le quatrième ouvrier est le *tailleur de pierre*. Son emploi est de tailler la pierre et de lui donner les formes qu'elle doit avoir, suivant les dimensions que lui a données l'appareilleur. Le prix de sa journée est depuis 35 jusqu'à 45 sous.

« Le cinquième ouvrier est le *poseur*. Son emploi est de mettre en place les pierres, de les poser de niveau et à plomb, et d'en scier les joints lorsqu'il est nécessaire. Le prix de sa journée est d'environ 45 sous.

« Le sixième ouvrier est le *scieur de pierre dure*. Son emploi est de scier les pierres dures à la scie sans dents, à raison de 4 à 5 sous le pied carré, pour les pierres ordinaires, et jusqu'à 10 sous pour les pierres de liais.

« Le septième ouvrier est le *scieur de pierre tendre*. Son emploi est de scier les pierres tendres à la scie à dents. Prix de journée de 35 à 40 sous.

« Le huitième ouvrier est le *compagnon maçon*. Son emploi est de construire les ouvrages en plâtre. Gain 40 sous par jour.

« Le neuvième ouvrier est le *limousin*. Son emploi est de construire les ouvrages en mortier. Gain 36 sous par jour.

« Le dixième et dernier ouvrier est le *manœuvre*. Son emploi est de faire les ouvrages bas et rudes et de servir les autres. Gain 25 et 30 sous par jour.

« Ceux qui servent les maçons (un seul pour chacun) battent le plâtre, le passent, le gâchent et le portent aux maçons pour l'employer.

« Ceux qui servent les poseurs, au nombre de deux

ou trois pour chacun, les aident à porter, lever, rouler les pierres dans leur place.

« Ceux qui sont employés aux chariots sont six pour les traîner et un ou deux suivent par derrière, chargés chacun d'eux d'une pince pour aller à la roue.

« Ceux qui sont employés à barder les pierres, c'est-à-dire à les mettre en chantier et à les remuer, appelés *bardeurs* (onzième ouvrier), sont par bandes de trois ou quatre chacune, s'entr'aidant mutuellement, un d'eux conduisant la bande.

« Ceux qui sont employés aux engins sont plus ou moins nombreux, suivant les besoins.

« Un douzième ouvrier, employé par le maître maçon, et qui n'est appelé que lorsque le bâtiment est fini, est le *toiseur*. Son emploi et souvent son seul talent est de savoir toiser toutes les parties du bâtiment suivant les usages et la loi, d'en dresser les mémoires et d'y mettre des prix relatifs aux marchés et à l'espèce d'ouvrage. Le prix de son travail est ordinairement de 10 pour 1,000, mais un peu moins pour les grands édifices. »

VII

Entrepreneurs.

Tous les emplois indiqués par Lucotte, sauf pourtant celui d'architecte, sont remplis par l'émigrant Marchois ; en effet, les campagnes peuvent bien fournir des travailleurs et des spéculateurs, mais il faut, pour devenir architecte, des études plus sérieuses que celles des écoles primaires.

De telle sorte que cette foule d'individus compacte et solidaire se trouve depuis deux siècles à la merci des étrangers et des indifférents. La force de l'habitude est si puissante que les fils d'entrepreneurs aisés, qui pourraient s'instruire, bornent leur ambition à devenir maîtres maçons et s'éloignent de l'école des Beaux-Arts.

Pour devenir entrepreneur, disent-ils, l'activité et le bon sens suffisent; ces deux qualités natives permettent de réaliser des bénéfices immédiats, tandis que les études d'architecture reculent pour longtemps le moment de se mettre à l'œuvre et de gagner de l'argent.

Devenir entrepreneur ou maître maçon, tel est le but auquel aspire l'ouvrier que ne tourmente pas l'amour de la propriété : autre écueil plus grave peut-être que celui d'acquérir un héritage, parce qu'il ruine à la fois l'entrepreneur trop hasardeux et ses ouvriers trop confiants, comme nous allons le voir.

Une entreprise de construction se fait, ou sur le terrain d'autrui, ce qui est le plus fréquent, ou sur un terrain acquis d'avance par l'entrepreneur.

Dans le premier cas l'entreprise s'exécute à forfait, et le maître maçon qui n'a pas de capitaux en réserve se ruine si les fournitures deviennent chères;

si le propiétaire ne lui paye pas régulièrement ses à-compte, si les maladies ou les crises commerciales le privent de son crédit.

Dans le deuxième cas, le petit entrepreneur compte sur la revente du bâtiment pour payer le terrain acquis, les fournisseurs, les ouvriers, ou tout au moins sur le bénéfice des loyers pour solder les intérêts du capital engagé.

Mais le caprice de la population qui se déplace, un mouvement de bourse qui rend les créanciers moins traitables, amènent l'expropriation, c'est-à-dire la vente du terrain à vil prix.

L'entrepreneur imprudent est à plaindre, puisqu'il voit du même coup ses épargnes et ses espérances anéanties; mais les ouvriers qu'il a employés sont encore plus malheureux, car ils n'ont couru aucune chance de s'enrichir, et pourtant le fruit de leur travail démeure englouti.

VIII

Réforme.

La législation française accorde bien aux ouvriers un privilége sur l'immeuble auquel ils ont donné leur travail, mais elle met à ce privilége des conditions qui ne sont presque jamais remplies.

C'est ici que les maçons ont besoin d'en appeler à la sollicitude de l'administration, qui obligerait tout entrepreneur ou tout propriétaire à faire rédiger, avant et après les travaux, les procès-verbaux exigés pour la conservation du privilége établi par l'article 2,103, 4° du code Napoléon.

Grâce à cette précaution de police, l'ouvrier aurait d'abord l'avantage de ne pas être rebuté par les patrons quand il réclame la seule sauvegarde que lui laisse la loi, et par la suite la chance de ne pas perdre la totalité de son salaire.

Le code est assez oublieux des intérêts des ouvriers, pour que des règlements spéciaux empêchent le seul article où leur sort soit pris en pitié de rester stérile.

Peut-être aussi vaudrait-il mieux revenir au système que le Grand-Conseil avait tenté d'établir. En effet, nous lisons dans le *Dictionnaire des arrêts* de Brillon (V° BATIMENT) : « Je ne puis pas citer au juste, mais j'indique seulement un arrêt du Conseil qui a décidé que *les marchés et devis ne sont pas nécessaires pour établir le privilége ;* cet arrêt rendu en faveur du maçon qui a été employé par le sieur Law pour la construction des bâtiments étant au bout du Cours, et qui depuis ont été démolis, je ne dirai pas au grand regret du public, lequel a marqué beaucoup d'indifférence pour cet événement... » (Édition de 1728.)

IX

Salaires, dépenses, outils.

Depuis Lucotte les salaires ont dû augmenter dans une notable proportion. Actuellement le maître compagnon gagne à Paris par journée 6 francs ; le maçon, l'appareilleur, le poseur, le tailleur de pierre, le scieur de pierre et le peintre, 4 fr. 50 ; le scieur de long, le limousin, 3 fr. 75 ; le manœuvre, 2 fr. 75.

La dépense mensuelle est la même pour tous : logement, éclairage, blanchissage, chauffage et soupe du soir, 10 francs ; nourriture, 45 francs, habillements et outils, 10 francs, récréation, 5 francs.

D'après ce calcul, et en supposant que chacun travaille tous les jours, y compris le dimanche, le profit mensuel est : pour le maître compagnon de 110 francs ; pour le maçon, l'appareilleur, le poseur, le tailleur de pierre, le scieur de pierre et le peintre de 65 francs ; pour le scieur de long et le limousin de 42 fr. 50 ; pour le manœuvre de 22 fr. 50.

A Paris la journée commence : du 1er avril au 1er novembre, à 6 heures du matin, et dure jusqu'à 6 heures du soir ; du 1er novembre au 1er avril, elle commence à 7 heures du matin et finit à 5 heures du soir, ce qui fait 10 heures de travail en été et 8 heures en hiver, deux heures étant, dans les deux saisons, consacrées aux repas.

A Lyon les ouvriers gagnent 1 franc de moins par jour, mais leurs frais de nourriture et de logement étant moindres qu'à Paris, l'équilibre des salaires se rétablit.

La journée y commence à 5 heures du matin et finit à 7 heures du soir ; sur ces 14 heures, quatre sont consacrées au repos et aux repas.

Les jeunes ouvriers vont de préférence commencer leur apprentissage à Lyon, où le manœuvre ne porte que des fardeaux appropriés à ses forces, tandis qu'à Paris les auges sont à peu près uniformément remplies.

Les tuiliers [1] de Saint-Étienne sont engagés à l'année par le maître tuilier, qui, après neuf ou dix mois de travail, donne à son mouleur de 350 à 450 francs ; à son batteur de terre et à son compagnon de place de 250 à 350 francs ; à son goujat ou poseur 70 francs

---

1. M. Barailon attribue aux Romains l'importation des arts de la tuilerie et de la briqueterie dans la Gaule centrale où se formèrent des ouvriers laborieux et intelligents. Il établit que les tuiliers Marchois quittent la Creuse depuis un temps immémorial, et que les mêmes formes des terres cuites, destinées à carreler et à couvrir les maisons, se sont retrouvées sur toute la surface du territoire français, soit parce que des maîtres ouvriers, venus d'Italie, n'autorisaient qu'une seule espèce de moules, soit parce que la Gaule centrale, rendez-vous politique des premiers conquérants, expédiait à toutes les provinces des émigrants attachés à une routine industrielle. D'après M. Barailon, les plus anciennes tuileries dateraient, pour les Lemovices et les Cambiovices (Limousin, Marche et Combraille), du deuxième siècle de l'ère chrétienne, époque où le département de la Creuse, couvert de châteaux, de villas et de forêts, servait de résidence aux principaux magistrats romains.

la première année, 100 francs la seconde et 150 francs
les années suivantes; le tout payable à la Saint-An-
dré. Les tuiliers s'enrichissent plus vite que les autres
travailleurs. Généralement éloignés des villes, nourris, logés et blanchis par le maître, mis d'avance à
l'abri des chômages, ils ont peu d'occasions de dépenses, et peuvent utiliser la totalité de leurs bénéfices.

.J'emprunte au *Dictionnaire de l'industrie* publié
en 1838 (V° MAÇONNERIE, signé Gourlier) la nomenclature et le prix des outils dont se servent les construc-
teurs :

« 1° Des *auges* pour gâcher le plâtre. On en fait
ordinairement de deux grandeurs : 1° l'une d'à peu
près 85 centimètres sur 55 centimètres mesurée dans
le haut et de 30 centimètres de profondeur, dans laquelle on peut gâcher un sac et demi de plâtre, au
moyen de deux seaux d'eau, proportion convenable
pour enduits et autres ouvrages semblables qui exigent
du plâtre gâché un peu clair ; ou deux sacs avec un
seul seau d'eau pour les hourdis, aires et autres ouvrages qui exigent au contraire du plâtre gâché serré
(prix 4 fr. 50); 2° et une autre d'environ 70 centimètres sur 50 centimètres et 30 centimètres de profondeur, dans laquelle on ne peut gâcher que moitié environ des quantités ci-dessus indiquées (prix 3 fr.).

« 2° Une *truelle en cuivre* qui sert tant à gâcher le
plâtre qu'à l'employer, à dresser les crépis, etc. (prix
5 fr.).

« 3° Des *hachettes en fer*, dont les extrémités aciérées forment l'une taillant et l'autre masse, et emmanchées de bois. On en fait ordinairement aussi de deux grandeurs ; l'une, de 30 centimètres environ de longueur de fer, sert à faire aux moellons le peu de tailles que leur pose nécessite, d'abord au moyen de la masse et ensuite à l'aide du tranchant (prix 3 fr.); l'autre, de 25 centimètres de longueur, sert principalement pour l'éxécution des ouvrages en plâtre (prix 2 fr. 25).

« 4° Un *marteau* dont la forme ne diffère de.celle de la hachette qu'en ce qu'il a une pointe au lieu d'un tranchant ; la longueur du fer est d'environ 50 centimètres et il sert aux piochements, percements et autres ouvrages du même genre que le maçon peut avoir à faire soit pour les constructions, soit pour les démolitions (prix 4 fr. 50).

« 5° Des *taloches* ou plaques en bois servant à étendre le plâtre sur les surfaces qu'on veut crépir ou enduire et à le massiver. Il y en a aussi de deux grandeurs principales : l'une de 45 sur 35 centimètres (prix 2 fr. 50), l'autre de 40 sur 30 centimètres (prix 2 fr.)

« 6° Une *truelle brettelée* espèce de *râcloir* en fer d'à peu près 16 centimètres de longueur, à deux tranchants dont un uni et l'autre brettelé, c'est-à-dire dentelé et qui sert à dresser les enduits, d'abord au moyen de ce dernier tranchant, et ensuite à l'aide du premier (prix 4 fr. 50).

« 7° Un *riflard*, autre espèce de râcloir plus petit, à un seul tranchant, non dentelé, qui sert à dresser les angles saillants ou rentrants, les feuillures, etc. (prix 2 fr.).

« 8° Un *guillaume* ou *rabot* d'environ 50 centimètres de longueur pour ébaucher des retours d'angles etc. (prix 1 fr. 50).

« 9° Un *niveau* en bois qui sert à prendre des nivellements ou des aplombs, etc. (prix 3 fr.).

« ·10° Un *plomb* qui sert à prendre des aplombs pour des hauteurs plus considérables à l'aide du cordeau auquel il est attaché, auquel on donne le nom de *ligne, fouet,* etc., et qui a ordinairement de 15 à 20 mètres de longueur, et d'un petit carré mobile en cuivre auquel les ouvriers donnent le nom de *chat* et dont le côté est égal au plus grand diamètre du plomb (prix 5 fr.).

« Enfin les maçons se servent également de divers petits outils, tels que *gouges*, etc., pour recouper les onglets en plâtre ; de *règles* en bois de diverses longueurs et grosseurs pour les dresser ; de *calibres* aussi en bois, ordinairement garnis en tôle et découpés suivant les différents profils voulus, pour traîner et pousser les corps de moulures, etc., etc., ainsi que de *balais de bouleau*, pour jeter le plâtre nécessaire à l'achèvement des enduits, ce qu'on appelle *gobeter*.

« Les outils dont se servent les limousins sont d'abord des *auges* semblables à celles du maçon, mais plus petites ; une *truelle*, aussi plus petite et plus allongée, en fer au lieu de cuivre et à laquelle on donne le nom de *greluchonne*, et enfin des *hachettes, marteaux, niveaux* et *plombs*, aussi à peu près semblables, ainsi que des *règles* et *calibres*. »

Il serait trop long d'entrer dans le détail des outils nécessaires aux autres industries adoptées par les émigrants Marchois. Ce spécimen suffira pour donner une idée des dépenses premières auxquelles sont astreints ceux qui cessent d'être simples manœuvres.

<h1 style="text-align:center">X</h1>

Chômages, défaut d'association.

Lors de la crise de 1848, l'industrie du bâtiment fut, après l'industrie de l'ameublement, celle qui eut le plus à souffrir. Les ouvriers restèrent inoccupés dans la proportion de 64 sur 100 et le chiffre des affaires diminua dans la proportion de 75 p. 100. La misère des maçons fut alors portée à son comble.

« Les hardes furent vendues, dit la statistique de la chambre du commerce, et dans certains garnis un seul vêtement servait successivement à chacun de ceux qui allaient en quête de travail. Les autres ouvriers restaient couchés. On a même vu des hommes qui assuraient trouver à cela l'avantage de ne pas développer par l'exercice un appétit qu'ils n'auraient eu aucun moyen de satisfaire. »

Ces déplorables résultats du chômage ne se pro-

duisent pas seulement pendant les crises révolu-
tionnaires ; ils apparaissent aussi aux époques où
la spéculation, attirant un trop grand nombre d'ouvriers, se trouve débordée.

Les chômages dont les maçons de la Creuse se
souviennent avec le plus de terreur sont ceux de
1826 à 1827, de 1830 à 1835, de 1840 à 1843, de
1848 à 1851 et de 1856 à 1858, ce qui fait que de
1820 à 1859 quinze années sur trente-huit ont été
difficiles.

Les maçons, n'ayant d'autre but que celui de gagner respectivement une certaine somme pour acheter un héritage ou entreprendre une construction,
vivent isolés et se trouvent sans appui aux mauvais
jours.

La variété et l'instabilité des travaux, les change-
ments fréquents de chantiers, la dispersion des forces,
les empêchent de s'abriter respectivement sous l'influence moralisatrice d'un maître maçon qui pren-
drait pour modèle, par exemple, le chef-d'œuvre
d'organisation ouvrière établie par le docteur Auzoux [1] dans ses ateliers d'anatomie clastique à Saint-
Aubin d'Ecrosville (Eure).

---

1 M. Auzoux a établi à Saint-Aubin une vaste fabrique de mo-
dèles anatomiques qui, indépendamment de la valeur scientifique
de ses produits, a mérité d'être citée au premier rang pour son organisation dans le *Tableau de l'état physique et moral des ouvriers* que
M. Villermé fut chargé de tracer en 1840 : « De tous les établissements
industriels que j'ai visités, dit cet éminent économiste, l'établissement

Défiant en outre par nature et par défaut d'instruction, l'émigrant Creusois restreint ses rapports à sa cohabitation avec les hommes de son village ou de sa commune. Toute espèce d'association bienfaisante lui est étrangère. Le compagnonnage même, qui, pendant un certain temps, servait de moyen de ralliement à tous les corps d'état, ne semble jamais avoir fait de sensibles progrès parmi les maçons; aussi, aux moments difficiles ils se trouvent dans la position des *knobsticks* (c'est ainsi qu'on désigne en Angleterre les ouvriers qui refusent de prendre part aux charges et aux bénéfices des associations, et qui par cette raison ne veulent point se soumettre aux *turnout* ou suspensions de travail).

De même que les knobsticks ont été souvent battus, mutilés, tués par les compagnons pendant les turnouts, de même les maçons de la Creuse n'ont pas

de Saint-Aubin d'Écrosville est le mieux entendu pour instruire les ouvriers, les moraliser et ne leur donner que de bonnes habitudes. » En même temps le jury national de l'exposition de l'industrie constatait que, grâce aux dispositions prises par M. Auzoux, les terribles épreuves qu'ont eu à subir les classes ouvrières en 1847, 1848 et 1849 étaient passées inaperçues à Saint-Aubin d'Ecrosville. Sans rappeler les règles ingénieuses imaginées pour entretenir parmi les ouvriers l'amour du travail et d'une sage liberté, les sentiments d'honneur, l'esprit d'ordre et de prévoyance, les habitudes d'économie et surtout le besoin de s'instruire, nous dirons seulement que, sous la direction de M. Auzoux, un grand nombre de jeunes travailleurs, presque tous pris dans le pays, deviennent à la fois mouleurs, peintres et anatomistes. Plusieurs ont acquis dans leur atelier assez d'instruction pour faire ensuite d'habiles médecins..... (Vapereau, *Dict. des cont.*, 1858) toujours eu à se louer de la confraternité des ouvriers de Paris ; maintenant ils ont appris à se défendre des agressions, que nos mœurs rendent heureusement plus rares. Il ne leur reste plus qu'à s'associer pour parer aux chômages et aux misères spéciales à leur industrie.

Déjà divers projets d'union ont été mis en avant, la défiance des appelés a fait naître d'insurmontables difficultés. En 1848 un dernier effort fut tenté, mais l'assemblée nationale n'ayant point fourni les secours espérés, l'impulsion donnée s'arrêta [1].

De même la protection accordée par le gouvernement impérial aux sociétés de secours mutuels a été sans effet pour les maçons émigrants.

XI

Réformes au décret du 26 mars 1852.

J'ai cherché la cause de cette incurie, qu'il est impossible d'attribuer à des défiances systématiques,

---

1. Grâce à l'énergique initiative de MM. Bouyer, Cohadon et Rochefort, une société commerciale des maçons a été fondée le 5 octobre 1852. Elle doit durer vingt ans. L'apport par associé est de 1,000 fr. Déjà elle a exécuté des travaux considérables et montré, avec des ressources exiguës, la puissance productrice de l'association. Les statuts, que nous avons sous les yeux, sauvegardent la dignité des subalternes et l'autorité des chefs, en révoquant ou en condamnant à des amendes progressives ceux qui commandent avec dureté et ceux qui refusent d'obéir. Les gérants de l'association n'ont eu aucune intention de créer une œuvre de bienfaisance, mais ils ont voulu donner à leur solidarité un caractère moralisateur que nous sommes heureux de signaler ici.

et j'ai reconnu que les restrictions imposées par la loi du 26 mars 1852 rendaient toute association impossible.

En effet les maçons, disséminés dans toutes les rues de Paris et de la banlieue, ne peuvent s'associer par quartier de police, par paroisse et par arrondissement. (Art. 1er du décret du 26 mars 1852.)

Le soin des malades, le payement des journées pendant les chômages et la décence des funérailles ne sont pas l'objet principal de leurs préoccupations. (Art. 6 du même décret.)

Le premier besoin pour eux est de retourner dans leur pays quand la santé ou l'ouvrage leur manque; leurs maladies, par suite de la cohabitation, se transmettent à la chambrée entière et se compliquent de nostalgies qui les rendent incurables.

D'un autre côté, ils ne peuvent être associés aux ouvriers sédentaires qui ont femmes et enfants; ceux-ci trouvant chez eux des ressources spéciales en même temps qu'ils ont des besoins d'un autre genre.

Ils ne peuvent non plus être associés aux ouvriers sédentaires célibataires, car ces derniers bénéficieraient seuls des sacrifices de tous pendant trois mois sur douze, à cause du départ annuel.

Enfin les maçons, placés continuellement entre ciel et terre, promenant des fardeaux au sommet des édifices, risquant à chaque instant de tomber ou d'être écrasés, porteraient dans l'association des

chances exceptionnelles de blessures et d'accidents.
et seraient repoussés par les autres corps d'état (tailleurs, cordonniers, chapeliers, etc.) dont la vie est moins en danger.

Les maçons ne peuvent donc s'associer en tant qu'ouvriers, ils doivent s'associer en tant qu'émigrants de la même province, et le ministre des travaux publics, dont l'intelligente sollicitude n'a jamais fait défaut aux classes ouvrières, n'hésitera pas à provoquer la réforme de la loi sur les secours mutuels quand il verra qu'il s'agit du bonheur de 40,000 ouvriers de Paris ou de Lyon, les deux capitales industrielles de l'Empire.

XII

Bases d'une société de secours mutuels.

Voici donc les bases sur lesquelles pourrait s'établir une société de secours mutuels pour les maçons de la Creuse, sauf meilleur avis des habiles et des puissants.

J'ai essayé de résumer ici les besoins de l'émigrant, comme j'ai résumé les besoins de l'agriculteur dans l'examen des vœux du conseil général :

ARTICLE PREMIER. Il est créé à Paris une société de secours mutuels dite des *Maçons de la Creuse.*

ART. 2. Tous les émigrants des départements de la Creuse, de la Haute-Vienne, de la Corrèze pourront être admis deuis quinze ans révolus jusqu'à soixante ans révolus.

ART. 3. La société sera composée de membres honoraires et de membres participants.

Les membres honoraires seront ceux qui se feront les auxiliaires de la société, sans participer à ses avantages.

Les membres participants seront ceux qui, moyennant une cotisation, participeront aux avantages de l'association.

ART. 4. La cotisation est fixée au minimum de 1 franc par mois, soit 12 francs par an.

ART, 5. Le but de la société est :

1° D'apprendre aux participants la lecture, l'écriture, le calcul, le dessin linéaire ;

2° De leur procurer gratuitement pendant leurs maladies, les secours du médecin, du pharmacien ;

3° De leur payer une indemnité quotidienne pendant la durée de la maladie ;

4° De transporter gratuitement les malades dans leur pays, lorsque leur état le permettra et lorsqu'ils en manifesteront l'intention ;

5° De leur assurer, en cas de décès, un convoi gratuit et honorable ;

6° De payer une indemnité provisoire à la veuve ou aux orphelins mineurs du décédé participant ;

7° De se charger du dépôt des économies des sociétaires, dépôt remboursable à volonté ;

8° De faire parvenir gratuitement aux familles restées en province les sommes moindres de 100 francs.

ART. 6. Un bureau administrera la société, la représentera, surveillera ses intérêts, fera observer ses règlements, statuera sur les admissions et les réclamations.

Ce bureau sera composé d'un président, de quatre vice-présidents, d'un secrétaire, d'un sous-secrétaire et d'un trésorier.

Les membres seront élus à la pluralité des suffrages, si l'administration supérieure ne se réserve pas certaines nominations.

Art. 7. L'indemnité fixe sera de 1 franc par jour à partir du troisième jour de la maladie constatée.

Art. 8. Le malade reconduit dans ses foyers aux frais de la société ne percevra que la moitié de l'indemnité quotidienne.

Art. 9. Les femmes seront admises, mais ne prendront part ni aux réunions ni aux délibérations.

Art. 10. Les comptes de la société seront vérifiés tous les trois mois par quatre vérificateurs que déléguera la société.

Art. 11. Les individus infirmes, incurables ou atteints de maladies chroniques ne seront point admis dans la société.

Art. 12. Deux condamnations prononcées par un tribunal correctionnel, une condamnation prononcée par une cour d'assises, entraîneront la non-admission ou l'exclusion.

Art. 13. Les sociétaires blessés à la suite de rixes, d'ivresse ou de débauches ne profiteront point, pour ces blessures, des bénéfices de l'association.

Art. 14. Tout sociétaire marié qui vivra en concubinage sera exclu de la société.

Art. 15. Un règlement particulier sera présenté aux autorités compétentes, conformément aux prescriptions du décret organique du 26 mars 1852.

Il indiquera les détails omis dans ce premier appel aux émigrants du Centre, les modifications à apporter en cas d'épidémie ou de déficit, les lieux de réunion.....

Il fixera aussi à partir de quel chiffre de sociétaires des sociétés succursales devront être établies.

XIII

Emploi des cotisations.

Les cadres d'une société de secours mutuels ainsi constituée à Paris, à Lyon et dans toutes les villes où se trouveraient plus de cinq cents émigrants du Centre seraient promptement remplis.

Supposons que sur vingt-cinq mille émigrants à Paris, venus de la Creuse, de la Corrèze et de la Haute-Vienne, dix mille seulement répondent à ce premier appel, la société percevra chaque mois 10,000 francs, soit 120,000 francs par an, qui lui permettront de répandre immédiatement ses bienfaits.

La moyenne des maladies n'ayant pas été calculée pour la France, par corps d'état et par ville, nous allons nous conformer aux tables de Nelson (reconnues exagérées en Angleterre par les tables ultérieures de Retcliff). Nous trouverons alors, en comparant Paris à Londres, une moyenne de cinq jours de maladie constatée par an pour chaque individu, ce qui fera monter à 50,000 francs les sacrifices pécuniaires de notre société de dix mille maçons. Il restera 70,000 francs pour les autres dépenses indiquées dans l'art. 5 du règlement.

Ces dépenses pourraient être approximativement réparties :

Traitement du médecin.	7,000	»
Frais de pharmacie.	20,000	»
Cinq écoles gratuites (1,200 francs par instituteur)	6,000	»
Administration.	8,000	»
Frais funéraires.	8,000	»
Aux veuves et orphelins mineurs.	20,000	»
Transport des sommes moindres de 100 fr. .	1,000	»
TOTAL.	70,000	»
Traitement des malades.	50,000	»
TOTAL GÉNÉRAL. . . .	120,000	»

Telle serait la dépense annuelle de l'association pour secours mutuels de dix mille ouvriers, en la calculant sur les moyennes les plus défavorables, et en admettant que les transports dans le pays natal soient compensés par la suppression d'une moitié du traitement quotidien.

Si la cotisation de 1 franc par mois devenait insuffisante, on pourrait la porter à 1 fr. 25 c., et on aurait alors un excédant annuel de 30,000 francs. Grâce à cette minime augmentation on arriverait aux plus immenses résultats, comme par exemple la constitution d'un capital répondant à tous les besoins, même les plus éventuels.

Le jour enfin où, pleins de confiance dans les avantages de la solidarité, la totalité des ouvriers émigrants du Centre consentirait à s'associer, la puissance du levier serait incalculable.

A notre point de vue les défauts de la loi du 26 mars 1852 sont donc : 1° la restriction de la nature des secours ; 2° la restriction du nombre des sociétaires ; 3° la nécessité d'habiter le même quartier.

Mais le gouvernement impérial a trop évidemment protégé l'organisation de la mutualité pour reculer au moment de compléter son œuvre.

Quand au grand nombre des sociétaires, il est toujours facile d'en maintenir les avantages et d'en diminuer les périls, soit en admettant une caisse

unique alimentée par un certain nombre de sections de la société, soit en laissant au pouvoir le
soin de nommer tous les titulaires du bureau
central.

Ainsi organisée, l'émigration du Centre ne pré-
sentera plus cet aspect désolé d'une multitude
d'hommes épars, sans lien avec la ville qui les reçoit, sans guide au milieu d'une population égoïste
et affairée, sans recours dans ses égarements, sans
appui aux heures de détresse.

XIV

Invalides de l'émigration.

Dans le cours de cette étude j'ai souvent, au
profit de mes compatriotes, fait appel à l'interven-
tion du législateur, mais je n'ai point encore réclamé les sacrifices du gouvernement.

Cependant il est une fondation que rêvent depuis longtemps les ouvriers de la Creuse, fondation
sans précédents, qui ne sera jamais entreprise sans
l'initiative d'en haut, mais qui ne demande que
cette initiative pour attirer les souscripteurs et prospérer. Je veux parler de la fondation, dans notre
département même, d'un *Hospice des invalides de
l'émigration*.

Bourganeuf et Felletin sont deux petites villes
pauvres et oubliées. Toutes deux centres d'émigra-

tion, toutes deux arrosées par des rivières qui les assainissent sans les incommoder de brouillards.

Qu'on établisse dans l'une de ces deux villes quelque vaste maison de refuge où l'ouvrier malade, estropié, sans ressources, puisse trouver des soins pour ses souffrances, un abri pour ses cheveux blancs.

Si une main puissante ne vient à son aide, l'émigrant Marchois risquera longtemps encore de mourir de misère au coin des palais qu'il aura bâtis.

FIN.

TABLE DES MATIÈRES

AGRICULTURE.

DIGRESSION.

INDUSTRIE.

Paris. — Typographie de Pillet fils aîné, rue des Grands-Augustins, 5.

9 782329 288505